청현재이

북펜성경필사

청현재이가 직접 써보며 개발한 교본

청현재이 붓펜 성경필사는,

기독교인의 성경필사 생활화를 목적으로 제작된 교재입니다. 붓펜을 다루는 기초 단계를 시작하여
살아있고 활력이 있는 하나님의 말씀을 쓰는 문장 단계에 이르기까지 체계적인 붓펜 성경필사
교재를 통해 성경말씀을 깊게 묵상하는 시간이 되시기를 간절히 바랍니다.

청현재이 붓펜 성경필사를 시작하는

________________ 님을

축복합니다!

청현재이 시편 성경필사

청현재이가 직접 써보며 개발한 교본

청현재이 임동규 지음

도서출판 섬김과나눔

누구나 쉽게 필사할수 있도록
청현재이가 직접 써보며 개발한 교본

붓펜 성경필사 교재를 편찬하며…

캘리그라피는 감성적으로 내 마음을 글씨로 표현하는 과정이다.
특히 말씀 캘리그라피는 하나님과 나와의 공감을 위한 과정이기 때문에
말씀을 쓸 때 글씨를 멋스럽게 잘 쓰는 것이 중요한 것이 아니라 말씀에 집중하여
쓰는 것이 중요하다고 할 수 있다.

청현재이 성경필사세트는 감성적 말씀을 쓰는데 필요한 교재와 도구로 구성되어 있다. 특히 붓펜은 다양한 필기도구 중에서 가장 감성적인 캘리그라피를 표현하는데 최적의 도구인 모필 붓을 대체하여 사용할 수 있는 필기구이다. 이제 본 교재를 통해 붓펜을 다루는 법과 한글의 기본 원리를 체득하고 감성을 담아 말씀을 쓰게 되는 노하우를 습득한 후, 하나님이 우리에게 주신 말씀의 은혜를 경험하게 될 것이다. 지금까지는 캘리그라피로 표현된 말씀을 보는 것만으로도 만족했을 것이다. 그러나 청현재이 붓펜 성경필사를 통해 직접 붓펜으로 말씀을 쓰며 하나님과의 소통을 경험하게 될 것이라 믿는다.

처음, 붓 또는 붓펜을 접하게 되면 누구나 붓에 대한 두려움으로 붓을 잡는 것을 망설이게 된다. 여기서 주의해야 할 점은 붓을 쥐고 쓴다고 해서 서법을 중요 시 하는 서예를 상상해서는 안된다는 것이다. 캘리그라피는 가장 편안한 자세로 감성적인 글씨를 쓰는 작업이기 때문에 나에게 맞는 자세를 찾는 것이 무엇보다 중요하다.
가능한 펜을 쥐는 습관대로 붓펜을 쥐고 쓰게 되면 가장 편안하게 글씨를 쓰는데 집중할 수 있게 된다는 말이다.

망설이지 말고 붓펜을 쥐고 말씀캘리그라피로 표현된 글씨를 따라 써보자. 따라 쓰는 것이 결코 편할 리는 없다. 그러나 맨 처음은 말씀을 그리듯이 쓰면서 글씨의 특성을 살펴보며 따라 쓰다 보면, 나에게 적합하고 자신감이 생기는 글씨가 만들어지게 된다. 따라 쓰는 작업을 "임서한다"고 하는데, 이러한 임서 과정들을 통해 내 글씨의 창작 과정으로 자연스럽게 이어지게 된다.

어렸을 때부터 지금까지 습관처럼 펜으로 쓰던 내 글씨를 펜 대신 붓펜으로 바꿔 쓰는 작업이 캘리그라피의 시작이 되는 셈이다. 펜을 쥐던 습관처럼 붓펜을 쥐고 써보자. 서예는 붓의 크기에 따라 팔을 들어 쓰거나 화선지에 손이 닿지 않도록 유의해서 자세(완법)를 잡고 쓰게 된다. 그 이유는 서예는 글씨가 오른쪽에서 왼쪽 방향으로, 위에서 아래로 향하며 쓰는 세로줄 문장 구성으로 되어 있기 때문에 화선지 위에 손을 대고 글씨를 쓰게 되면 손에 먹물이 묻게 되며 오른쪽에 먼저 쓴 글씨가 번지게 된다.
그러나 지금 현대의 문장 구조는 왼쪽에서 오른쪽 방향의 가로줄 문장 구성으로 되어 있기 때문에, 손을 화선지 위에 대고 써도 먹물이 손에 묻을 염려가 없다. 그래서 펜을 쥐고 쓰던 습관 그대로 붓 또는 붓펜을 쥐고 써도 무방하다고 하는 것이다.

펜을 쥐던 대로 붓펜을 쥐고 쓰게 되면 우선 습관대로 내 글씨를 쓰게 된다. 그러나 펜으로 쓴 글씨의 느낌과 붓펜으로 쓴 글씨의 느낌은 확연히 다르다. 딱딱하고 견고한 펜으로 쓰게 되면 보통 일정한 힘(압)을 유지하며 쓰게 되는데, 붓펜은 유연하고 부드럽기 때문에 힘을 자유롭게 전달하며 쓸 수 있어 내 감정 그대로 글씨에 전달되어 감성적인 글씨로 표현될 수 있는 것이다.

붓펜을 쥐고 쓰기 시작한 처음에는 어색할 수도 있다. 그리고, 붓펜이 손에 익지 않아 제대로 획이 그어지지 않을 수도 있다. 그러나 꾸준하게 본 교재를 따라 차례대로 연습한다면 얼마 뒤에는 붓펜의 필감을 느끼게 될 것이고, 글씨를 써가는데 있어 자유로움을 느끼게 될 것이다.

그렇다고 글씨의 실력이 짧은 시간 내에 확 늘어난다는 말은 아니다. 앞서 거론한 것처럼 꾸준히 붓펜으로 성경 말씀을 필사하는 습관을 들여 보자. 붓펜 성경필사는 필력의 향상뿐 아니라 하나님과의 친밀한 관계 형성을 이루는데 도움을 줄 것이다. 필사를 하는 자체만으로도 정신의 안정감을 주는 힐링 효과와 스트레스 해소와 명상 효과가 있다. 그리고 필사하는 내용에 대해 더 깊이 생각하게 하는 집중력과 기억에 오래 남는 효과가 있다고 한다.

이와 같이 필사하는 것 자체만 보더라도 기대 이상의 힐링 효과가 있는데 하물며 하나님의 직접적인 계시이며, 살아있는 능력이자 구원의 복음인 성경말씀을 필사하는 것인데, 붓펜 성경필사가 우리에게 얼마나 큰 영적 효과를 볼 수 있게 할 수 있단 말인가!

성경필사는 살아있고 활력이 있는 말씀의 내용에 대해 더 깊이 묵상하게 될 것이다. 그리고 그 말씀의 은혜가 필사자 자신의 기억 속에 오래 남게 되어 말씀으로 생활할 수 있는 환경을 만들어 가게 될 것이다. 붓펜 성경필사를 통해 말씀을 가까이하고, 하나님과의 친밀함으로 복된 그리스도인의 삶을 기대해 본다.

끝으로 청현재이 붓펜 성경필사 교재가 출판될 수 있도록 이끌어 주신 주님께 영광 돌립니다.
그리고, 몇 달 동안 본 교재 편집에 힘을 기울여 준 김윤희, 조인희님을 비롯하여 섬김과나눔 가족들에게 깊은 감사를 드립니다. 또한 대한민국의 모든 기독교인들이 붓펜 성경필사를 통해 영성이 회복되고, 하나님의 말씀으로 살아가기를 기대하는 마음으로 꾸준히 기도하며, 기다려 준 청현재이 문화선교회 관계자 및 문화선교사들에게 깊은 감사의 말을 전합니다.

2016년 8월
청현재이 임동규 드림

캘리그라피란?

글씨에는 컴퓨터로 작성하는 디지털 폰트와 손으로 쓰는 캘리그라피가 있다. 디지털 폰트가 기계적이고 정적인 서체라면 캘리그라피는 감성을 전달하는 조형적인 서체이다.

할렐루야

▲ 정적인 디지털 폰트 (컴퓨터 서체)

▲ 감성적인 캘리그라피 서체

캘리그라피는 디지털 시대를 살아가는 현대인들의 이성적 환경을 아날로그적인 감성으로 보완하며 삶의 균형을 맞춰가는 역할을 하는 감성적 글씨라고 할 수 있다. 그리고 감성 전달에 탁월한 도구인 붓 중심의 서예를 근간으로 컴퓨터 서체에 익숙한 현대인들에게 쉼을 전달하는 서체이다. 또한 말(언어)이 소리로 전달하는(눈으로 보이지 않는) 감성적 의사전달 수단이라면, 캘리그라피는 글씨로 전달하는(눈으로 볼 수 있는) 감성적 의사전달 수단이라 할 수 있다.

사랑하라

▲ 이성적 의사전달 수단으로서의
디지털 폰트 (컴퓨터 서체)

말(언어)로 감성을 전달하는 모습

▲ 감성적 의사전달 수단으로서의 캘리그라피

성경말씀과 캘리그라피의 연관성

살아있고 활력이 있는 하나님의 말씀은 효과적으로 인간의 감성을 전달할 수 있는 캘리그라피와 연관성이 있으며, 가장 성경말씀을 잘 표현할 수 있는 글씨이다. 캘리그라피는 광고 산업의 발달로 인해 자연적으로 소비자 즉, 우리들의 마음으로 파고들어 온 감성이 살아있는 손글씨이다. 그러므로 우리들의 감성을 움직여 제품에 대한 관심과 구매 행동으로 이어지게 하며, 사회에서는 상업적으로 다양한 곳에서 활발하게 사용되고 있다. 반면에 기독교 캘리그라피 환경은 초기에 교회행사 현수막 타이틀, 도서 제목 등에서 사용되어 왔으나, 현재는 청현재이의 다양한 시도로 캘리그라피 나눔행사, 말씀 깃발전 등을 진행하며 말씀 캘리그라피 환경을 구축해 오고 있다. 특히 성경말씀을 캘리그라피로 써서 성도들이 말씀으로 생활화 하는데 도움이 되고 있다. 캘리그라피의 역사는 그리 오래되지 않았지만 기독교내에서 성경말씀의 묵상도구로 적극적으로 퍼져 나가고 있다. 그 이유는 기독교인들이 하나님의 살아있는 말씀을 감성적으로 소통할 수 있는 캘리그라피를 통해 하나님과의 관계가 가까워질 수 있다는 것을 체험하였기 때문이다. 이제, 감정의 깊이를 붓의 압으로 전달할 수 있는 캘리그라피는 기독교인들에게 성경말씀을 쓰며 영성을 회복하는데 도움을 주는 필수 도구가 될 것이다.

캘리그라피 말씀 나눔행사와 전시

캘리그라피 성경필사

기독교인들에게는 글씨를 쓰는 환경, 특히 캘리그라피를 할 수 있는 환경이 준비되어 있다. 그것은 바로 성경말씀을 쓰는 것이다. 흔히 성경필사라고 하는데, 청현재이에서는"캘리그라피 성경 필사" 라고 일컫고 있다. 성경필사란 성경말씀을 눈으로 읽으면서 또박또박 노트에 말씀을 옮겨 쓰며 하나님의 말씀을 묵상하는 행위를 말한다.
캘리그라피 성경필사는 기존 성경필사를 위한 도구인 펜을 붓 또는 붓펜으로 바꾸어 성경말씀을 쓰는 것으로 앞서 이야기한 내용처럼 성경말씀을 붓으로 쓰게 되면서 깊은 은혜를 경험할 수 있게 된다. 캘리그라피를 처음 접하는 기독교인들에게 감히 권면하고 싶다. 캘리그라피에 처음 입문하는 사람들은 글씨의 가독성보다는 멋있는 글씨 즉 조형성에 강한 글씨에 매료되기도 하며 그런 글씨를 쓰고 싶어 한다. 특히 글씨를 예쁘게 쓰고 싶거나 누가 봐도 잘 썼다고 칭찬받고 싶어 한다. 그러나 말씀으로 살아가는 기독교인들에게 캘리그라피를 예쁜 글씨로 쓰고 싶다는 기존 생각에서 벗어나 자유롭게 감성적으로 하나님의 말씀을 깊게 묵상하며 쓰기를 권하고 싶다.
곧 성경말씀을 쓸 때 글씨를 잘 쓰는데 집중하는 것이 아니라 살아있고 활력이 있는 하나님의 말씀에 집중하고 내 감정을 담아 쓰게 되면 하나님과의 깊은 교제를 나눌 수 있기 때문이다.

기독교인에게 성경필사가 왜 필요한가?

최근 디지털 시대에 들어와서 필사를 통해 '치유'와 '힐링'을 찾는 사람들이 증가하고 있다. 세상에서의 복잡하고 혼란스러운 생활에서 벗어나 단순 작업을 통해 치유와 마음의 안정을 찾기 위한 작은 몸부림일 수도 있다. 정신과 의사인 캐리 배런이 2012년 "사이콜로지투데이"에서 필사에 대해 손을 움직임으로써 안정감을 느끼게 하여 스트레스 및 불안, 우울증 등을 해소할 수 있다고 발표했듯이 필사가 현대인들에게 심신 안정과 힐링 효과를 준다는 사실은 틀림없는 일이다.

필사는 어지럽던 마음을 차분히 가라앉히며 오감을 자극하는 행위라고도 한다. 그래서 필사를 하는 순간 손끝에서 따뜻한 위로가 느껴진다는 말이 과장된 표현이 아닌 것이다. 또한, 손으로 쓰는 필사는 글에 집중하게 되고 더 깊이 생각할 수 있는 계기가 되어 기억에 오래 남는 효과가 있다. 그래서일까? 성경말씀을 필사하는 순간 그 말씀에 집중하게 되고 기억에 오래 남게 되니 일상생활 중에 문득문득 생각이 나게 되고, 결국에는 말씀이 가져다주는 영향이 크다는 것을 느끼게 된다. 이렇게 필사가 가져다주는 심적인 효과가 기독교인들에게 적지 않은 영향으로 전달될 수 있다는 것 때문에 성도들의 신앙생활을 위해 목사님들은 성경통독과 성경필사를 적극적으로 권유했을 것이다.

주변의 성경필사를 경험한 기독교인들의 의견을 들어 보면 성경말씀을 여러 번 읽는 것보다 한번 필사하는 것이 훨씬 더 깊은 은혜가 된다고 한다. 그 느낌을 종합해 보면 성경필사는 말씀묵상과 심신의 평안을 가져다주며, 하나님의 은혜를 깊게 체험하고 그로 인해 말씀으로 생활할 수 있는 기반을 만들어 주게 된다는 것이다.

좀 더 단순하게 정리해서 이야기하면 성경필사는 복잡한 현대사회를 살아가는 기독교인들에게 심신의 건강과 영적 회복을 위한 종합비타민과 같은 역할을 하고 있다는 것이다.

이렇게 신앙생활에 필요한 성경필사를 왜 기독교인들은 소홀히 하고 있는 것일까?
그 이유는 기독교인들 대다수가 성경필사를 할 경우에 창세기부터 요한계시록까지 써야 한다는 부담감으로 시작한 지 얼마 안 돼서 포기하기 때문이다. 그러나 필사의 효과를 위해서는 필사의 분량에 대한 마음의 부담감을 느끼지 않는 것이 중요하다. 성경책의 모든 말씀을 써야겠다는 압박감에서 벗어나 가볍게 본인에게 은혜 되고 힘이 되는 말씀을 선택해서 쓰는 습관이 필사의 효과, 즉 은혜의 삶을 최대한 누릴 수 있는 방법이라고 할 수 있다.

붓펜이란?

우리가 잘 알고 있는 붓은 식물 줄기[그림1]와 동물의 털[그림2]등으로 만들어진다. 이런 붓들을 사용하기 위해서는 적응하는데 시간이 필요하다. 붓의 장점으로는 붓모의 유연함이 감성적인 글씨를 쓰는데 좋으며, 단점으로는 휴대하기가 불편하다는 것이다.

[그림1] 식물 줄기로 만든 붓

[그림2] 동물의 털로 만든 붓

붓의 휴대성을 보완한 것이 바로 붓펜이다. 크게 붓펜의 종류로는 압축스펀지로 만들어진 일반적 붓펜[그림3]과 동물의 털과 유사한 인조모로 만들진 모필붓펜[그림4]이 있는데 캘리그라피에 사용되는 붓펜은 주로 나일론 소재의 인조모로 만들어진 붓펜[그림4, 5]을 사용하게 된다.

[그림3] 스폰지로 만든 붓펜

[그림4] 인조모로 만든 모필붓펜

[그림5] 휴대가 편한 붓펜

붓펜의 종류

국내에서 유통되고 있는 모필 스타일의 붓펜은 대표적으로 일본産 붓펜과 중국産 붓펜으로 나누어지는데, 붓펜 문화가 활발히 전개되고 있는 일본에서는 붓모의 길이, 먹물의 컬러, 필관(붓대)의 소재, 붓의 사용기간 등에 따라 다양한 종류의 붓펜이 판매되고 있다.

[그림1] 붓펜 모의 길이에 따른 종류

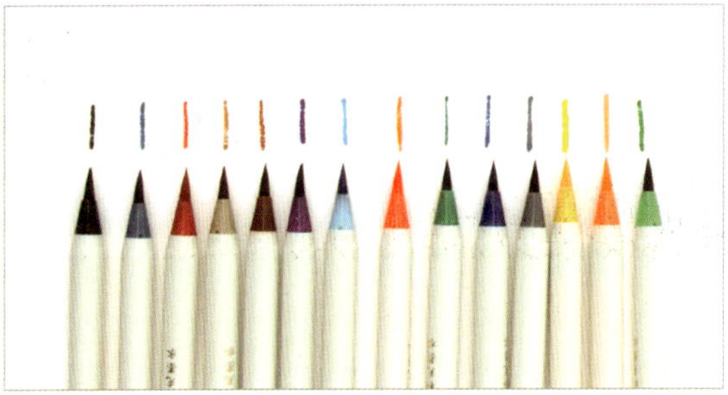

[그림2] 검정 붓펜, 컬러 붓펜 종류

붓펜 모(毛)의 길이는 대, 중, 소로 구분되며, 붓펜의 컬러는 기본이 먹색(검정)이며 다양한 컬러로 표현할 수 있는 24가지 컬러 붓펜이 있다. 붓의 사용기간은 글씨를 얼마나 쓰느냐에 따라 결정이 된다.
보통 카트리지 먹물 교환형[그림3]이 보편적으로 사용되고 있지만 가격은 비싼 편이다. 저렴하게 구매해서 사용할 수 있는 붓펜으로는 일회용[그림4]이 있으며, 중국産 붓펜은 먹물 주입형[그림5]으로 좋은 품질과 저렴한 가격으로 부담 없이 사용할 수 있는 장점이 있다.

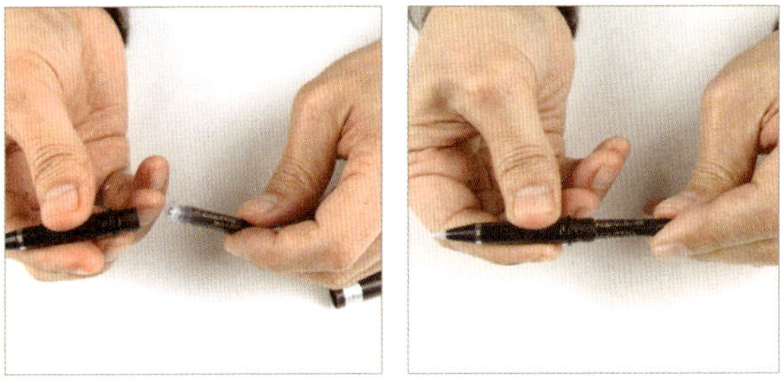

[그림3] 카트리지형 붓펜

[그림4] 일회용 붓펜

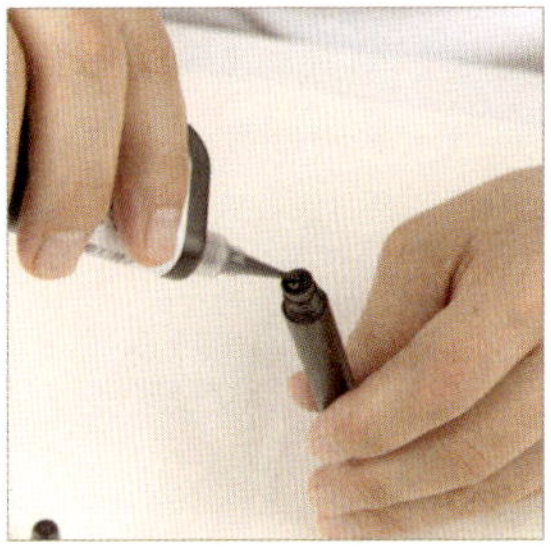

[그림5] 먹물주입형 붓펜

붓펜의 특징

붓펜의 인조모는 동물의 털과 유사하여 유연함과 부드러운 성질을 갖고 있다. 그렇기 때문에 붓펜을 깊게 눌러 쓰거나 들어 쓰기에 매우 좋다. [그림2]

[그림1] 붓을 눌러 선을 긋는 모습

[그림2] 붓펜을 눌러 글씨를 쓰는 모습

붓으로 작은 단어를 쓰는 성경필사를 하는 경우 붓, 화선지, 먹물 등 여러가지 재료를 준비해야 하는 불편함이 있다. [그림3]
또한 사용 후에도 붓과 사용한 먹물 접시를 씻고 정리해야 하는 귀찮음을 겪어야 한다. [그림4]

반면 붓펜은 이것을 보완한 필기도구이며, 항상 소지 할 수 있다는 특징 때문에 언제 어디서나 성경필사하기에 쉽고 편리하다. [그림5, 6, 7]

[그림3] 캘리그라피를 위한 준비 도구

붓펜은 시간과 장소에 구애받지 않고 감성적인 글씨인 캘리그라피로 성경필사 하기에 가장 적당한 도구이다.
붓펜은 편리성을 추구하는 현대에 들어와서 서예가 발전된 중국과 일본을 중심으로 다양한 종류로 제작되었고, 대한민국에서도 캘리그라피를 선호하는 층을 중심으로 적극적으로 활용되고 있는 추세이다.

[그림4] 사용한 붓을 씻는 모습

[그림5] 집에서 붓펜으로 필사하는 모습

[그림6] 카페에서 붓펜으로 필사하는 모습

[그림7] 모여서 붓펜으로 필사하는 모습

붓펜 사용방법

붓펜을 처음 접할 때에는 유연한 모필(毛筆)의 성질에 적응하기 힘들 수 있다. 그러나 반복해서 연습하고 사용하게 되면 익숙해진다. 사진에서 보는 것처럼 붓펜은 털의 탄력성과 유연한 성질[그림1]을 갖고 있기 때문에, 붓모(毛)의 성질을 잘 이용하여 눌러 쓰고 들어 쓰는 방법으로 사용하게 되면 감성적인 말씀을 쓸 수 있다.

[그림1] 붓펜의 탄력성과 유연성

[그림2] 종이컵에 먹물을 부어 사용하는 방법 (사용한 종이컵 안에 티슈를 넣고 버림)

[그림3] 접시에 먹물을 부은 뒤 찍어서 사용하는 방법

[그림4] 붓펜모에 먹물이 굳어 있는 경우 물로 씻어 사용한다

일회용 붓펜 사용 시 먹물이 모두 소진되었을 경우에는 시중에서 판매되고 있는 먹물을 구입해 접시 또는 종이컵에 부어 일반 붓처럼 사용해도 좋다.[그림2, 3] 먹물을 찍어서 사용할 경우에는 간혹 붓펜 모의 주변에 먹물이 굳어 지저분한 현상[그림4]이 발생될 수 있다. 이런 경우에는 붓펜을 흐르는 물에 씻어 보관하면 붓펜을 청결하게 오래 사용할 수 있다.

붓펜으로 쓰는 자세와 집필법

- 붓펜을 쥐고 쓸 때 가장 중요한 것은 자신에게 잘 맞는 자세를 찾는 것이다.
- 붓펜으로 글씨를 쓸 때 과거 모필붓으로 쓰던 자세를 고집하지 않아도 된다.
- 현대는 주로 문장의 방향이 왼쪽에서 오른쪽으로 진행되며[그림3] 과거 서예처럼 세로줄이 아닌 가로줄로 쓰는 환경이 만들어져 있어 부득이한 경우를 제외하고는 팔을 들지 않고 써도 된다.

[그림1] 과거 서예의 문장 방향 - 오른쪽에서 왼쪽

[그림2] 서예의 문장 방향으로 글씨를 쓸 때 손에 먹물이 묻는다.

[그림3] 현대의 글씨 쓰는 방향 - 왼쪽에서 오른쪽

[그림4] 현대의 문장 방향으로 글씨를 쓸 때 손에 먹물이 묻지 않는다

붓펜 쥐는 법 | 펜을 쥐는 습관처럼 세 손가락(엄지,집게,중지)으로 편하게 쥐고 쓴다

펜을 쥔 모습

붓펜을 쥔 모습

붓펜 쓰는 법 | 붓펜으로 글씨를 쓰는 방법은 세워 쓰기와 누여 쓰기 두 가지 방법이 있다.

1. 붓펜 세워 쓰기

세워 쓰는 방법은 세 손가락(엄지, 집게, 중지)으로 쥐고 있는 붓펜의 모(毛) 끝을 몸 쪽으로 당겨 직각으로 세운 상태에서 글씨를 쓰는 방법이다.[그림1, 2] 세워 쓰는 방법은 모필붓의 중봉[*1]으로 쓸 때의 자세로 일정한 획을 유지하며 글씨를 쓰는 장점이 있으며, 원을 그릴 때는 붓펜의 모(毛)가 뒤틀리면서 획을 만들어 가는 방법으로 안정된 글씨를 쓰는 데 효과적이다.

[그림1] 세워서 쓰는 붓펜

[그림2] 붓펜 모의 끝과 글씨가 닿아 있는 모습

2. 붓펜 누여 쓰기

누여 쓰는 방법은 붓펜의 모(毛)를 몸쪽 반대 방향으로 기울여 쓰는 자세인데, 모필 붓의 측봉*[2]으로 쓸 때의 자세이며, 흔히 펜을 쥐고 쓰는 자세를 말한다. 이때 붓펜을 누여 쓰게 되면 세워 쓸 때보다 더욱 힘이 있는 글씨를 쓸 수 있다. [그림3]

[그림3] 누여서 쓰는 붓펜

[그림4] 글씨의 획이 뭉치는 "ㅇ"의 모습

세워 쓰기 보다 누여 쓰기는 붓펜을 기울여 쓰는 자세이기 때문에 조금 더 편안하게 쓸 수 있다.
단점으로는 두께 조절이 안 돼서 획과 획이 서로 뭉쳐질 수 있으며[그림4], 글씨 가독에 영향을 줄 수 있다.
그러나 획의 굵기를 조절하는 연습을 하게 되면 편안한 자세로 안정된 글씨를 쓸 수 있게 된다.
글씨를 쓸 때 상황과 감성에 따라 세워 쓰거나 누여 쓰기를 반복해보자. 자신에게 잘 맞는 자세와 쓰는 법을 찾게 되면 좀 더 자유롭고 편안한 붓펜 성경필사의 길로 들어서게 될 것이다.

*[1] 중봉 : 붓을 세워서 쓰는 방법 *[2] 측봉 : 붓을 누여서 쓰는 방법

붓펜 쓰는 자세

붓펜으로 글씨를 쓸 때, 펜을 쥐는 습관처럼 편안하게 붓펜을 쥐고 손과 팔이 흔들리지 않게 자세를 잡아 주는 것이 중요하다. 안정된 자세는 첫째, 손을 바닥에 대고 쓰는 방법[그림1]과 둘째, 왼손을 오른손 손목 밑에 대고 쓰는 방법[그림2]이 있다.

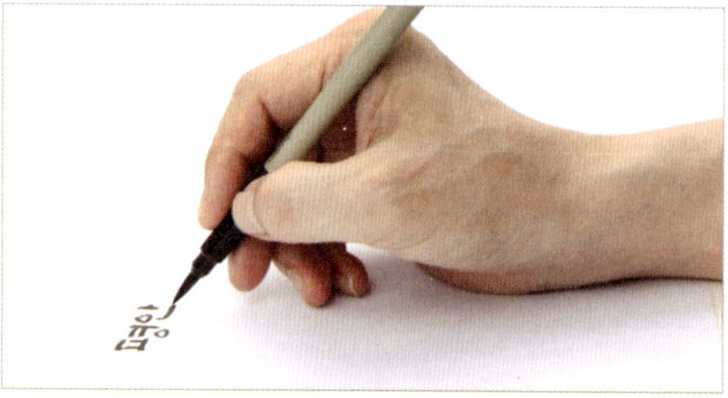

[그림1] 손을 바닥에 대고 쓰는 모습

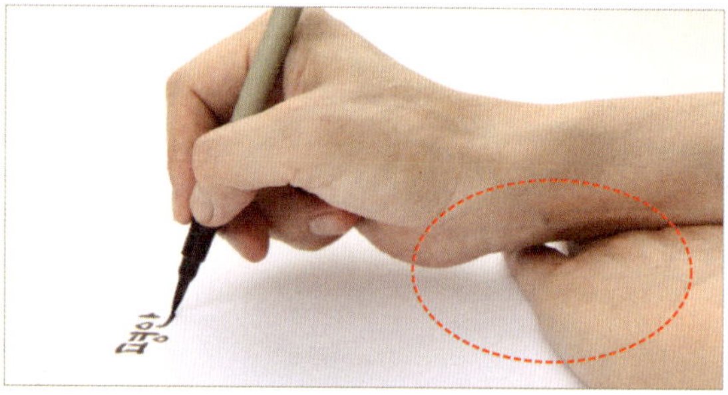

[그림2] 왼손을 오른손 손목 밑에 대고 쓰는 모습

두 번째 자세의 경우 오른손이 살짝 들리게 되는데, 불안하다고 느껴질 때는 [그림3]처럼 소지(새끼손가락)로 중심을 잡고 쓰면 된다.

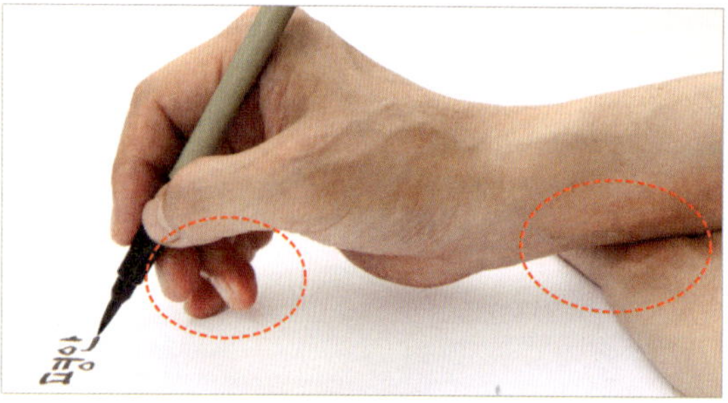

[그림3] 왼손을 오른손 손목 밑에 대고 소지로 중심을 잡고 쓰는 모습

[그림4] 소지로 중심을 잡고 쓰는 모습

* 다양한 자세와 쓰는 방법에 따라 글씨의 느낌이 달리 나올 수 있다. 그 중에 본인에게 잘 맞고 편안한 자세를 찾는 것이 중요하다.

캘리그라피 재료에 따른 자세

1. 노트

- 왼쪽 종이 면에 쓸 때, 왼손은 노트 끝자리를 살며시 대주고 오른손은 붓펜을 편안하게 쥐고 쓴다.[그림5]
- 오른쪽 종이 면에 쓸 때, 왼손은 노트의 중간자리를 가볍게 눌러주고 위와 마찬가지로 붓펜을 편안하게 쥐고 쓴다.[그림6]

[그림5] 노트 왼쪽 면에 쓰는 모습

[그림6] 노트 오른쪽 면에 쓰는 모습

2. 단면 종이(엽서, 카드) [그림7]

- 노트와 같은 방법으로 쓴다.
- 좀 더 안정된 자세로 쓰고 싶은 경우에는 왼손을 오른손의 손목 밑으로 가지런히 대고 쓰면 된다. [그림2, 3]

[그림7] 엽서 또는 카드에 쓰는 모습

필사하는 내용에 따라 감성을 실어서 압(힘)을 조절하며 써보자. 내 마음의 힐링이 느껴지게 될 것이다.

붓펜 성경필사의 장점

기존에 성경필사를 할 때는, 주로 펜의 종류인 볼펜을 사용해 왔다. 볼펜으로 글씨를 쓸 경우 볼펜 자체의 심이 딱딱하기 때문에 종이(노트) 위에 쓸 때 일정한 압(힘)을 유지하며 써야 한다. 감정을 실어 깊게 눌러 쓸 때에는 종이가 찢어질 수 있기 때문에 보통 눌러 쓰지 않는다.[그림1]

[그림1] 볼펜을 깊게 누르며 필사하다 종이가 찢어지는 모습

그러나 붓펜은 유연하고 부드러워 감정을 담아 깊게 눌러써도 종이에 영향을 주지 않는다. 그러므로 감정을 실어 글씨를 쓸 수 있는 것이다.[그림2]

[그림2] 붓펜으로 눌러 쓰며 필사하는 모습

하나님이 우리에게 주신 사랑의 메시지인 성경말씀은 그 자체가 살아있고 활력이 있으며, 우리의 마음과 생각을 판단하게 한다. 내 감정을 담아 붓펜으로 말씀을 쓰게 되면, 그 말씀의 은혜가 내 마음에 깊게 전달될 것이다.

예를 들어, 성경필사를 경험한 기독교인들이라면 "두려워하지 말라 내가 너와 함께 함이라"란 말씀을 쓰는 순간 감정을 실어 쓰고 싶을 때가 있을 것이다.[그림3] 종이 위에 붓펜을 누르며 "두려워하지 말라"를 써보자. 눌러 쓰게 되면 손에서 붓펜을 누르는 힘이 가해지고, 글씨는 굵은 글씨로 써지면서 온 신경이 그 글씨로 집중하게 된다. 그 순간이 바로 "두려워하지 말라"란 말씀의 의미를 깨닫게 되며, 진실로 두려움을 떨쳐 버릴 수 있는 마음으로 바뀌게 되는 것이다.

[그림3] 붓펜으로 눌러 쓴 "두려워하지 말라"

붓펜으로 배우는 성경필사

선긋기 기초

선 긋기 연습을 해야 하는 이유

세워 긋기

가로, 세로선 / 십자선 / 곡선

짧은 직선, 곡선 / 정원, 타원

누여 긋기

가로, 세로선 / 십자선 / 곡선

짧은 직선, 곡선 / 정원, 타원

선 긋기 연습을 해야 하는 이유

캘리그라피의 안정감을 위해서는 획과 공간의 안정감을 들 수 있는데, 처음 캘리그라피를 접하는 사람들은 기본 선 긋기를 통해 붓펜을 다루는 법을 배우며 획(선)의 안정감과 획과 획 사이의 안정감을 연습을 통해 터득해야 한다. 본 교재 기초 과정에서는 캘리그라피의 안정감을 스스로 체득할 수 있도록 가장 기초적인 선 긋기를 학습하도록 하고 있다.

글씨의 원리는 점, 선, 공간을 염두에 두는 것인데, 한 개의 점이 여러 개 모여 선(획)이 만들어지고 가로획과 세로획이 이어져 자음과 모음을 만들게 된다. 그 자음과 모음이 조합이 되어 글씨가 구성되고, 안정된 간격을 유지해야 좋은 글씨가 만들어지는 것이다. 그래서 선을 긋는 작업은 안정된 획과 간격을 유지하는 것을 체득하는 과정이며, 안정된 글씨와 문장을 만들어가는 가장 기초적인 작업이다.
선 긋기에는 여러 모양의 긋기 방식이 있지만 본 교재 기초과정에서는 붓펜 캘리그라피에 필요한 선 긋기(직선 긋기, 곡선 긋기, 원 그리기)를 선정하여 집중 연습하게 하고 있다. 붓펜으로 하는 기본 선 긋기에는 앞의 쓰는 법에서 다룬 세워 긋기[그림1]와 누여 긋기[그림2]로 구분하여 연습하게 된다.
이때, 세워 긋기 할 때는 붓펜의 끝이 뾰족하기 때문에 선의 끝도 뾰족해질 수 있다.

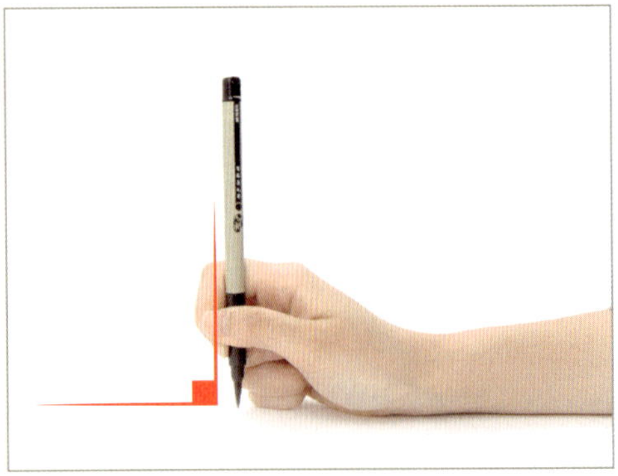

[그림1] **세워 긋기** | 붓펜(붓모)을 직각으로 세워 긋는다

[그림2] **누여 긋기** | 붓모를 몸 반대 방향으로 누여서 긋는다

가로선, 세로선 긋기

가로선은 붓펜을 눌러 왼쪽 방향에서 오른쪽 방향으로 선을 긋는다. 첫 번째 선을 긋고 난 후에는 일정한 공간(행간)을 두고 반복해서 선을 긋는다. 이때 일정한 행간을 유지하는 것이 중요하다. 세로선은 위쪽 방향에서 아래쪽 방향으로 선을 긋는다.[그림2] 가로선과 마찬가지로 붓펜을 누르며 선을 완성해 나가는 과정이다. 굵은 선은 붓펜을 지긋이 누르며 긋는다. 가는 선은 손가락의 힘을 뺀 상태에서 가볍게 붓펜을 들고 선을 긋는다.

[그림1] 일정한 행간을 유지하며 안정된 가로선 긋기

[그림2] 일정한 간격 유지하며 안정된 세로선 긋기

십자선 긋기

1) 굵은 십자선 완성하기 : 십자선 긋기는 기본 선 긋기 보다 획의 굵기 조정과 공간의 안정감을 확보하는 연습을 위해 필요하다. 굵은 가로선을 먼저 긋고 이어서 세로선을 긋는다. 이 순서대로 십자선을 긋는 마음으로 가로선과 세로선을 반복하여 십자선 긋기를 완성한다. 이때 중요한 것은 선과 선 사이의 공간이다. 공간을 일정하게 유지하며 십자선을 긋는 습관을 들여야 안정된 글자를 완성할 수 있다.

2) 가는 십자선 완성하기 : 가는 십자선 또한 굵은 십자선과 같은 방법으로 긋는 연습을 한다

3) 굵고 가는 선 교차하며 긋기 : 굵은 십자선을 먼저 긋고 이어서 가는 십자선을 그어 완성하는 순서로, 일정한 간격을 유지하며 반복해서 긋는 연습을 한다.

세로 곡선 세워 긋기

직선이 정적인 선이라면 곡선은 동적인 선이다. 붓펜으로 곡선을 긋는 것이 쉽지는 않다. 그러나 본 교재대로 연습하면 쉽게 곡선을 그을 수 있다. 그림처럼 붓펜을 세워 긋기와 누여 긋기로 가로 곡선과 세로 곡선 긋는 법을 연습한다.

가로 곡선 누여 긋기

짧은 직선 긋기

실제 글씨를 쓰기 위한 연습으로, 모음의 가로획과 세로획의 안정감을 체득하기 위해 필요한 연습이다. 그림처럼 반복해서 짧은 직선을 연습해 본다. 짧은 가로 직선과 짧은 세로 직선을 순서대로 연습한다.

짧은 곡선 긋기

짧은 직선 긋기와 마찬가지로 글씨의 곡선은 안정된 모음을 쓰기 위한 연습이며, 그림처럼 반복해서 짧은 곡선을 연습해 본다. 짧은 가로 곡선과 짧은 세로 곡선을 순서대로 연습한다.

원 그리기 (원으로 포도 만들기)

처음부터 붓펜으로 원을 그리는 것은 어려울 수 있다. 붓펜을 세워서 그릴 때와 누여서 그릴 때의 방법을 터득하고, 반복해서 연습하면 쉽게 그릴 수 있다. 붓펜을 세워서 원을 그릴 때는 한 번에 돌려서 그려 본다. 이 때 붓의 모(毛)가 뒤틀려 돌면서 원을 그려낸다. 붓펜을 누여서 그릴 때는 한 번에 돌려 그리기가 쉽지 않다. 붓의 모(毛)가 뭉개지며 획이 뭉쳐지는 현상이 나타날 수 있기 때문이다. 그러나 원을 두 번에 나누어(왼쪽 반원을 먼저 그리고 오른쪽 반원을 그려 마무리하는 방식) 그리게 되면 쉽고 안정된 원을 완성할 수 있다.

[세워 긋기]

가로, 세로선 세워 긋기 | 십자선 세워 긋기 | 곡선 세워 긋기

짧은 직선 세워 긋기 | 짧은 곡선 세워 긋기 | 정원, 타원 세워 긋기

굵은 가로, 세로선 세워 긋기

붓펜 끝을 눌러서 굵게

- 붓 끝을 직각으로 세워서 긋습니다.
- 굵은 선을 그을 때는 붓펜 끝에 힘을 주어 누르며 긋습니다.
  이때 일정한 간격을 유지하며 긋는 것이 좋습니다.

가는 가로, 세로선 세워 긋기

- 붓 끝을 직각으로 세워서 긋습니다.
- 가는 선을 그을 때는 붓펜 끝에 힘을 빼고 가늘게 긋습니다.
  이때 일정한 간격을 유지하며 긋는 것이 좋습니다.

붓펜 끝을
들어서
가늘게

굵은 십자선 세워 긋기

- 붓 끝을 직각으로 세워서 긋습니다.
- 굵은 선을 그을 때는 붓펜 끝에 힘을 주어 누르며 긋습니다.
  이때 일정한 간격을 유지하며 긋는 것이 좋습니다.

붓펜 끝을
눌러서
굵게

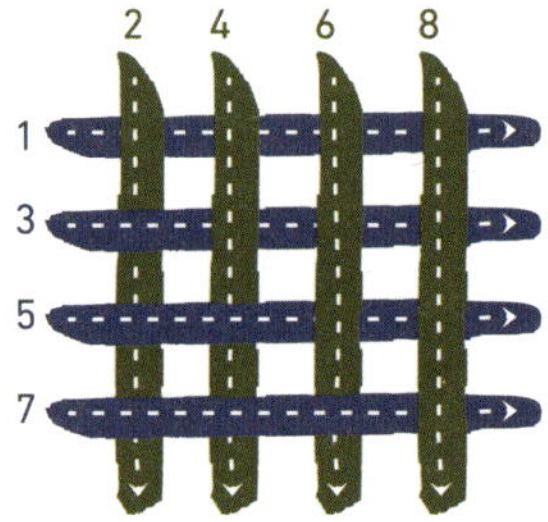

가는 십자선 세워 긋기

- 붓 끝을 직각으로 세워서 긋습니다.
- 가는 선을 그을 때는 붓펜 끝에 힘을 빼고 가늘게 긋습니다.
  이때 일정한 간격을 유지하며 긋는 것이 좋습니다.

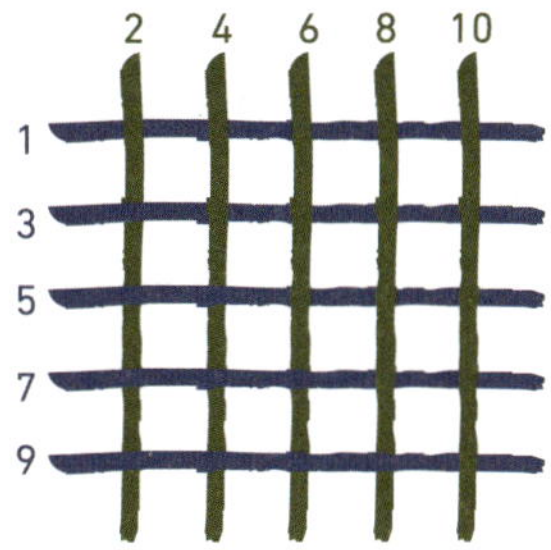

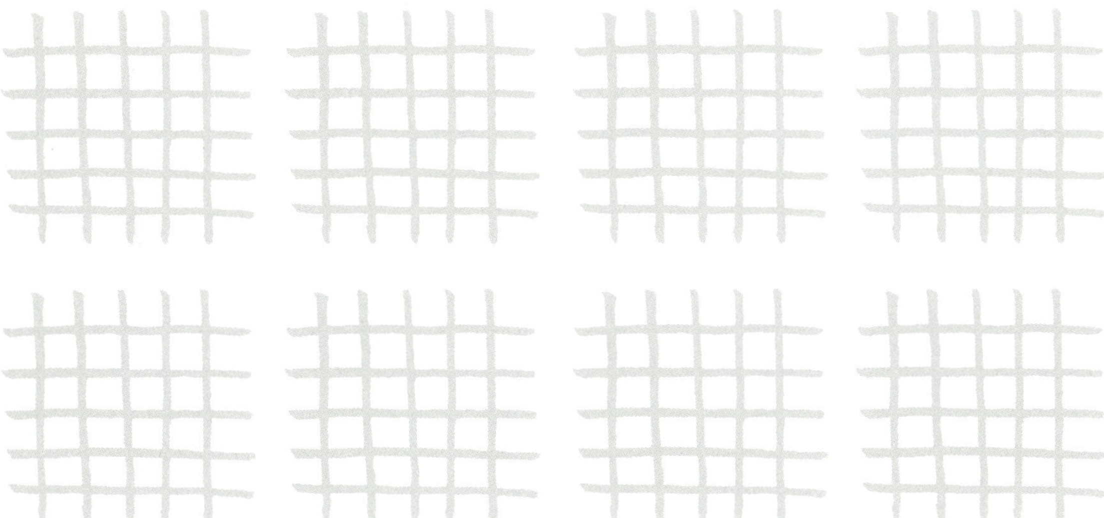

굵고 가는 선 교차하며 세워 긋기

- 붓 끝을 직각으로 세워서 긋습니다.
- 굵은 선을 그을 때는 붓펜 끝에 힘을 주어 누르며 긋고, 가는 선을 그을 때는 붓펜 끝에 힘을 빼고 가늘게 긋습니다. 이때 일정한 간격을 유지하며 긋는 것이 좋습니다.

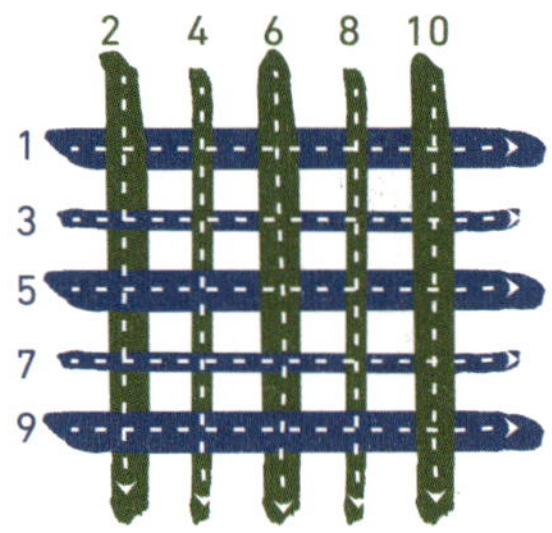

굵은 가로, 세로 곡선 세워 긋기

- 붓 끝을 직각으로 세워서 긋습니다.
- 굵은 선을 그을 때는 붓펜 끝에 힘을 주어 누르며 긋습니다.
  이때 일정한 간격을 유지하며 긋는 것이 좋습니다.

붓펜 끝을
눌러서
굵게

가는 가로, 세로 곡선 세워 긋기

- 붓 끝을 직각으로 세워서 긋습니다.
- 가는 선을 그을 때는 붓펜 끝에 힘을 빼고 가늘게 긋습니다. 이때 일정한 간격을 유지하며 긋는 것이 좋습니다.

붓펜 끝을 들어서 가늘게

굵고, 가는 짧은 직선 세워 긋기

- 붓 끝을 직각으로 세워서 긋습니다.
- 굵은 선을 그을 때는 붓펜 끝에 힘을 주어 누르며 긋습니다.
  가는 선을 그을 때는 붓펜 끝에 힘을 빼고 가늘게 긋습니다.
  이때 일정한 간격을 유지하며 긋는 것이 좋습니다.

붓펜 끝을 눌러서 굵게

붓펜 끝을 들어서 가늘게

굵고, 가는 짧은 곡선 세워 긋기

- 붓 끝을 직각으로 세워서 긋습니다.
- 굵은 선을 그을 때는 붓펜 끝에 힘을 주어 누르며 긋습니다.
  가는 선을 그을 때는 붓펜 끝에 힘을 빼고 가늘게 긋습니다.
  이때 일정한 간격을 유지하며 긋는 것이 좋습니다.

정원 세워 긋기

- 붓 끝을 직각으로 세워서 긋습니다.
- 굵은 원을 그을 때는 붓펜 끝에 힘을 주어 누르며 긋고,
  가는 원을 그을 때는 붓펜 끝에 힘을 빼고 가늘게 긋습니다.
- 하나의 원을 제대로 완성하고 또 다른 원을 만드는 과정을
  반복하며 포도 모양을 완성합니다.

타원 세워 긋기

- 붓 끝을 직각으로 세워서 긋습니다.
- 굵은 원을 그을 때는 붓펜 끝에 힘을 주어 누르며 긋고,
  가는 원을 그을 때는 붓펜 끝에 힘을 빼고 가늘게 긋습니다.
- 하나의 원을 제대로 완성하고 또 다른 원을 만드는 과정을
  반복하며 포도 모양을 완성합니다.

붓펜 끝을 눌러서 굵게

붓펜 끝을 들어서 가늘게

[누여긋기]

가로, 세로선 누여 긋기 | 십자선 누여 긋기 | 곡선 누여 긋기

짧은 직선 누여 긋기 | 짧은 곡선 누여 긋기 | 정원, 타원 누여 긋기

굵은 가로, 세로선 누여 긋기

- 붓 모(毛)를 몸 쪽 반대 방향으로 기울여 긋습니다.
- 굵은 선을 그을 때는 붓펜 끝에 힘을 주어 누르며 긋습니다.
  이때 일정한 간격을 유지하며 긋는 것이 좋습니다.

붓펜 끝을
눌러서
굵게

가는 가로, 세로선 누여 긋기

- 붓 모(毛)를 몸 쪽 반대 방향으로 기울여 긋습니다.
- 가는 선을 그을 때는 붓펜 끝에 힘을 빼고 가늘게 긋습니다. 이때 일정한 간격을 유지하며 긋는 것이 좋습니다.

붓펜 끝을 들어서 가늘게

굵은 십자선 누여 긋기

붓펜 끝을 눌러서 굵게

- 붓 모(毛)를 몸 쪽 반대 방향으로 기울여 긋습니다.
- 굵은 선을 그을 때는 붓펜 끝에 힘을 주어 누르며 긋습니다. 이때 일정한 간격을 유지하며 긋는 것이 좋습니다.

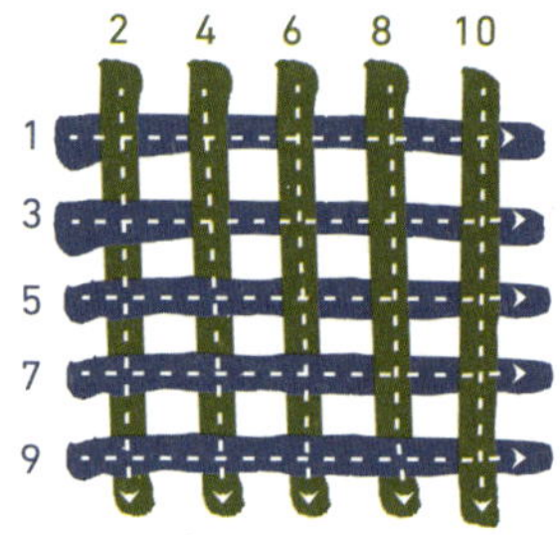

가는 십자선 누여 긋기

- 붓 모(毛)를 몸 쪽 반대 방향으로 기울여 긋습니다.
- 가는 선을 그을 때는 붓펜 끝에 힘을 빼고 가늘게 긋습니다. 이때 일정한 간격을 유지하며 긋는 것이 좋습니다.

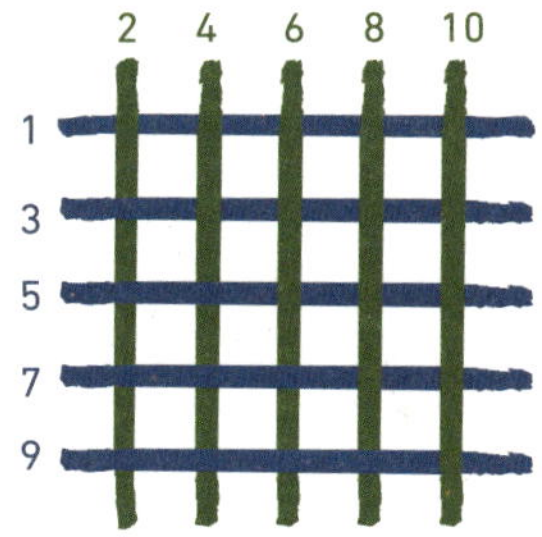

굵고 가는 선 교차하며 누여 긋기

- 붓 모(毛)를 몸 쪽 반대 방향으로 기울여 긋습니다.
- 굵은 선을 그을 때는 붓펜 끝에 힘을 주어 누르며 긋고,
  가는 선을 그을 때는 붓펜 끝에 힘을 빼고 가늘게 긋습니다.
  이때 일정한 간격을 유지하며 긋는 것이 좋습니다.

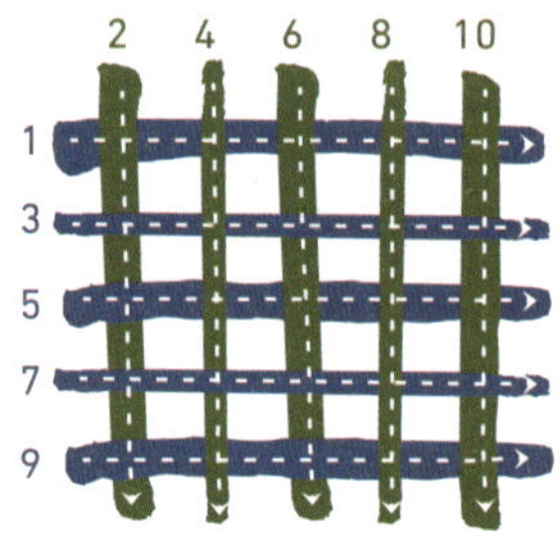

굵은 가로, 세로 곡선 누여 긋기

- 붓 모(毛)를 몸 쪽 반대 방향으로 기울여 긋습니다.
- 굵은 선을 그을 때는 붓펜 끝에 힘을 주어 누르며 긋습니다.
  이때 일정한 간격을 유지하며 긋는 것이 좋습니다.

붓펜 끝을
눌러서
굵게

가는 가로, 세로 곡선 누여 긋기

- 붓 모(毛)를 몸 쪽 반대 방향으로 기울여 긋습니다.
- 가는 선을 그을 때는 붓펜 끝에 힘을 빼고 가늘게 긋습니다.
  이때 일정한 간격을 유지하며 긋는 것이 좋습니다.

붓펜 끝을
들어서
가늘게

굵고, 가는 짧은 직선 누여 긋기

- 붓 모(毛)를 몸 쪽 반대 방향으로 기울여 긋습니다.
- 굵은 선을 그을 때는 붓펜 끝에 힘을 주어 누르며 긋고, 가는 선을 그을 때는 붓펜 끝에 힘을 빼고 가늘게 긋습니다. 이때 일정한 간격을 유지하며 긋는 것이 좋습니다.

붓펜 끝을 눌러서 굵게

붓펜 끝을 들어서 가늘게

굵고, 가는 짧은 곡선 누여 긋기

- 붓 모(毛)를 몸 쪽 반대 방향으로 기울여 긋습니다.
- 굵은 선을 그을 때는 붓펜 끝에 힘을 주어 누르며 긋고,
  가는 선을 그을 때는 붓펜 끝에 힘을 빼고 가늘게 긋습니다.
  이때 일정한 간격을 유지하며 긋는 것이 좋습니다.

정원 누여 긋기

- 붓 모(毛)를 몸 쪽 반대 방향으로 기울여 긋습니다.
- 원을 두 번에 나누어(왼쪽 반원을 먼저 그리고 오른쪽 반원을 그려 마무리 하는 방식) 긋습니다.
- 굵은 원을 그을 때는 붓펜 끝에 힘을 주어 누르며 긋고, 가는 원을 그을 때는 붓펜 끝에 힘을 빼고 가늘게 긋습니다.

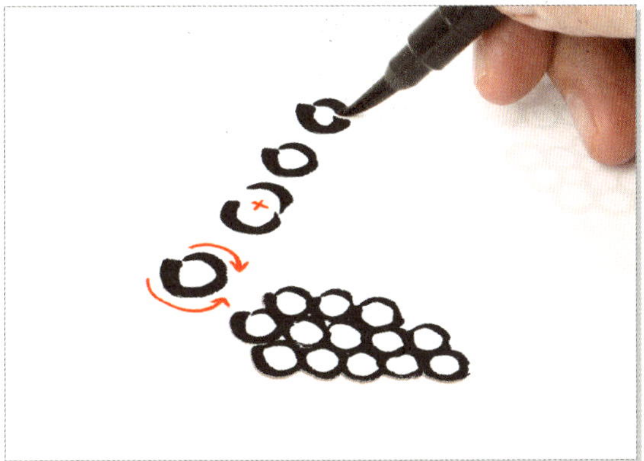

타원 누여 긋기

- 붓 모(毛)를 몸 쪽 반대 방향으로 기울여 긋습니다.
- 원을 두 번에 나누어(왼쪽 반원을 먼저 그리고 오른쪽 반원을 그려 마무리 하는 방식) 긋습니다.
- 굵은 원을 그을 때는 붓펜 끝에 힘을 주어 누르며 긋고, 가는 원을 그을 때는 붓펜 끝에 힘을 빼고 가늘게 긋습니다.

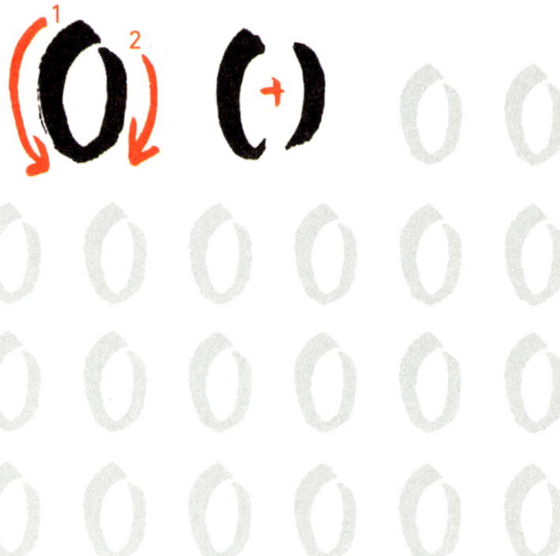

붓펜으로 배우는 성경필사

문장기초

세워 쓰기 (직선/곡선)

자음 / 한 글자 / 단어 / 실전 쓰기

한 줄 문장 / 두 줄 문장 / 다 줄 문장

누여 쓰기 (직선/곡선)

자음 / 한 글자 / 단어 / 실전 쓰기

한 줄 문장 / 두 줄 문장 / 다 줄 문장

캘리그라피 기초에서는

선 긋기를 통해 일정한 공간을 유지하고 안정된 획을 연습하며 붓펜의 적응에 주력했다.
캘리그라피 문장 기초에서는 조금은 적응했을 선 긋기를 바탕으로 글씨의 완성, 문장의 완성을 위한 글꼴 연습을 하게 된다. 자음 연습, 한 글자 연습, 단어 연습, 한 줄 문장 연습, 다 줄 문장 연습은 문장으로 정리되어 있는 성경말씀을 필사하기 위해서 거쳐야 할 중요한 연습과정이 될 것이다.

한글은 소리 나는 자음과 모음이
초성, 중성, 종성의 3요소로 조합하여 만들어진다

그래서 글씨를 쓸 때 초성의 자음을 제일 먼저 쓰게 되며, 초성·중성·종성의 순서대로 하나의 글씨를 완성하게 된다. 초성 자음은 글꼴을 만드는데 매우 중요하다. 글의 감성에 따라 첫 자음을 쓰고, 이어서 초성 자음에 잘 어울리는 중성 모음을 쓰게 되는데, 곧 안정된 글씨를 완성해 가는 순서이다. 이런 순서로 한 음절 한 음절이 완성되어 이어지게 되면 단어가 되고, 성경필사를 위한 말씀의 문장으로 구성되는 것이다.

한글 캘리그라피에서 공간은 매우 중요하다

한글은 초성과 중성 그리고 종성의 공간을 잘 띄어 써야 좋은 글씨로 표현할 수 있으며, 한 글자 이상이 모이는 단어와 문장 또한 일정한 공간을 유지하며 써야 안정된 단어와 문장으로 표현할 수 있다.

1. 글씨는 종이라는 공간 위에 점과 획(선)으로 구성되어 쓰여진다는 것을 이해해야 한다.
   곧, 한글의 기본 원리는 공간과 점 그리고 획(선)의 안정된 구성이다.

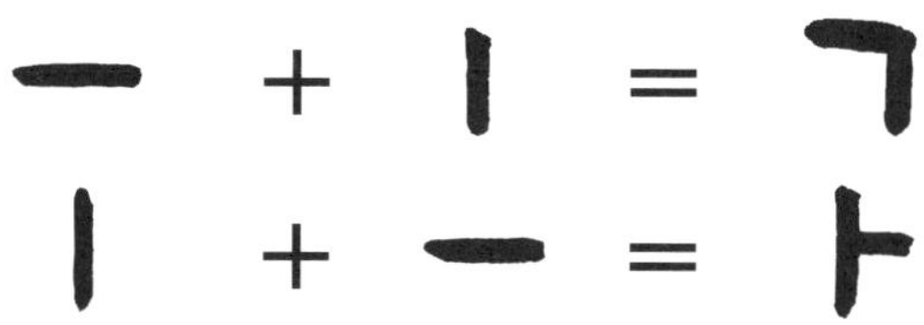

가로선과 세로선이 서로 이어져 자음이 만들어지고, 모음이 만들어져 읽을 수 있는 하나의 글씨가 완성된다.

2. 한글은 자음과 모음이 일정한 공간을 유지하며, 하나의 글씨로 합쳐져 완성된다.
   안정된 글씨는 자음과 모음의 안정된 공간(비율, 균형)을 통해 완성되는 것이다.

자음과 모음이 이어져 하나의 글씨를 완성하며 글씨와 글씨가 서로 모여 읽고 이해할 수 있는 단어로 완성된다.

3. 단어와 문장은 한 글자 이상이 모여져 완성되는 것으로, 자간(글자와 글자 사이)과 행간(글의 줄과 줄 사이)의 공간 맞춤이 매우 중요하다.

안정된 공간을 위해서는 왼쪽의 십자선 긋기를 꾸준히 연습할 필요가 있다.

- 자간의 좋은 예와 아쉬운 예

좋은 예

글자를 모아주는 것이 안정되어 보이며, 문장의 가독성이 좋다.

아쉬운 예

자간이 너무 떨어져 있어 읽는데 불편하며 허전한 느낌이 든다.

- 행간의 좋은 예와 아쉬운 예

좋은 예

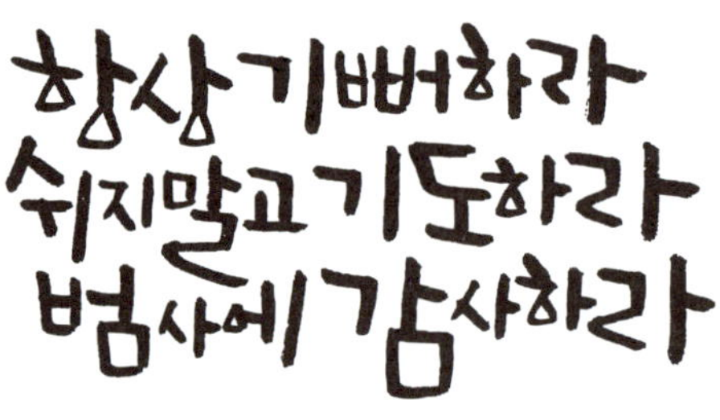

줄과 줄 사이의 간격이 일정하고 안정되어 짜임새가 있고 문장의 가독성이 좋다.

아쉬운 예

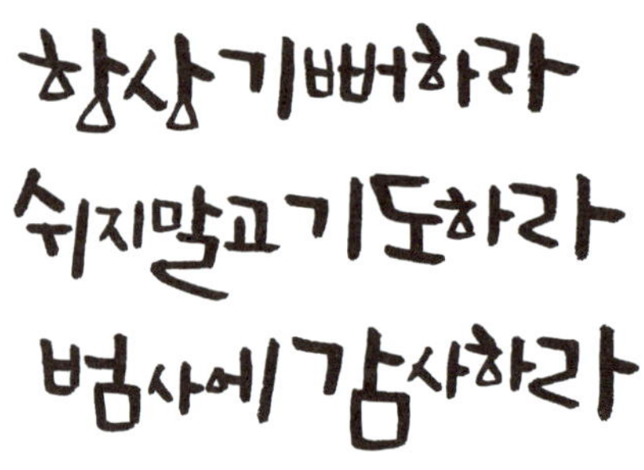

행간이 벌어져 있어 윗줄과 아랫줄의 글을 이어 읽는데 힘이 들며, 짜임새가 없어 보인다.

4. 띄어쓰기는 반 글자 정도의 공간을 띄고, 쓰는 습관을 들인다. 보통 일정한 수치를 적용하여 기계적으로 만들어진 컴퓨터 폰트는 약 한 글자 정도 공간을 띄고 써야 안정된 문장의 구성을 완성할 수 있다. 그러나 감성적인 손글씨인 캘리그라피로 쓸 경우에 손글씨가 워낙 자유롭다 보니 한 글자 정도로 띄어 쓰면 허전하게 보일 수 있기 때문에 반 글자 정도 떼어 쓰는 것이 보기에 좋다.

– 띄어쓰기의 좋은 예와 아쉬운 예

좋은 예

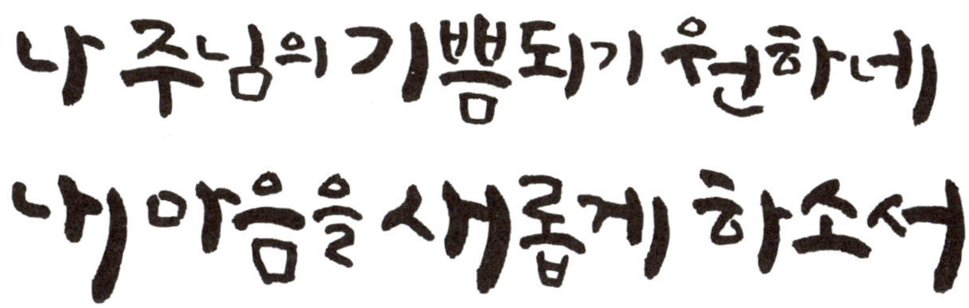

반 글자 정도 띄어쓰기를 했을 때, 문장이 안정되어 보이며 가독성이 좋다.

아쉬운 예

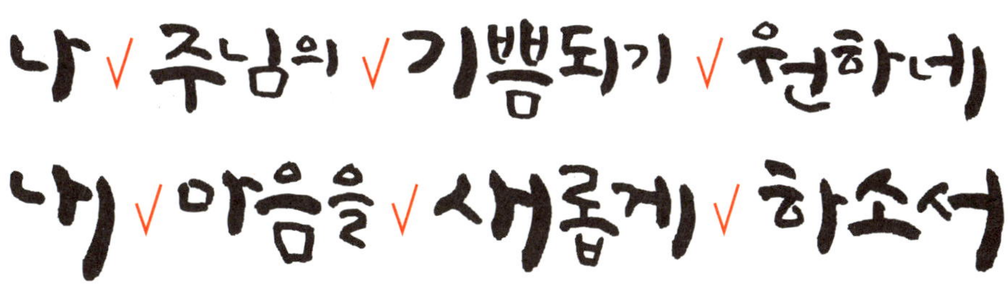

한 글자 정도 띄어쓰기를 했을 때, 단어와 단어 사이가 너무 떨어져 문장이 불안정해 보인다.

붓펜을 처음 다룰 때는 교본에 있는 가장 기본적인 것에 충실하며, 그 기본에 적응하는 연습을 할 필요가 있다.

한글은 모음의 세로획과 가로획의 방향(직선, 곡선)에 따라 글씨의 느낌이 달라질 수 있다

본 교재에서는 앞서 선 긋기에서 세워 쓰기와 누여 쓰기 그리고 직선과 곡선으로 구분하여 연습했던 것처럼 문장에서도 직선 글씨와 곡선 글씨로 구분하여 연습하게 된다.

직선 곡선 직선 곡선

한 줄 문장 (직선)

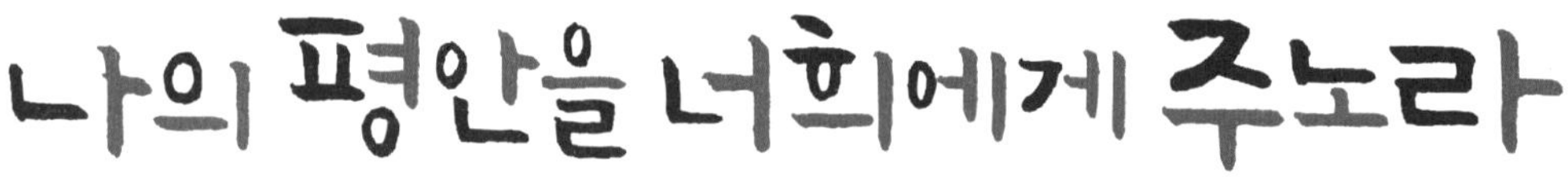

한 줄 문장 (곡선)

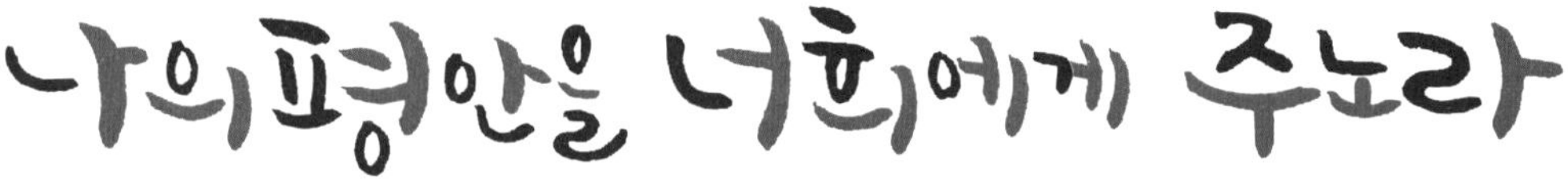

본 교재에서는 글씨를 잘 쓰는 요령을 학습하는 것보다 붓펜을 잘 다루는 방법에 초점을 맞추었기 때문에 세워 쓰기와 누여 쓰기에 의한 붓펜의 특성에 맞게 체득하는 것이 좋다.

[세워쓰기]

직선 세워 쓰기 | 자음 세워 쓰기 | 한 글자 | 단어 | 실전 쓰기

한 줄 문장 | 두 줄 문장 | 다 줄 문장

세워 쓰기에는

모음의 모양에 따라 [직선 세워 쓰기]와 [곡선 세워 쓰기]로 구분하여 연습한다.

자음 세워 쓰기

붓펜을 세우고 아라비아 숫자대로 정해진 점선을 따라 자음을 완성한다.

한 번에

한 번에

1
2

1
2

1
2
3

한 번에

2
1

2
1
3

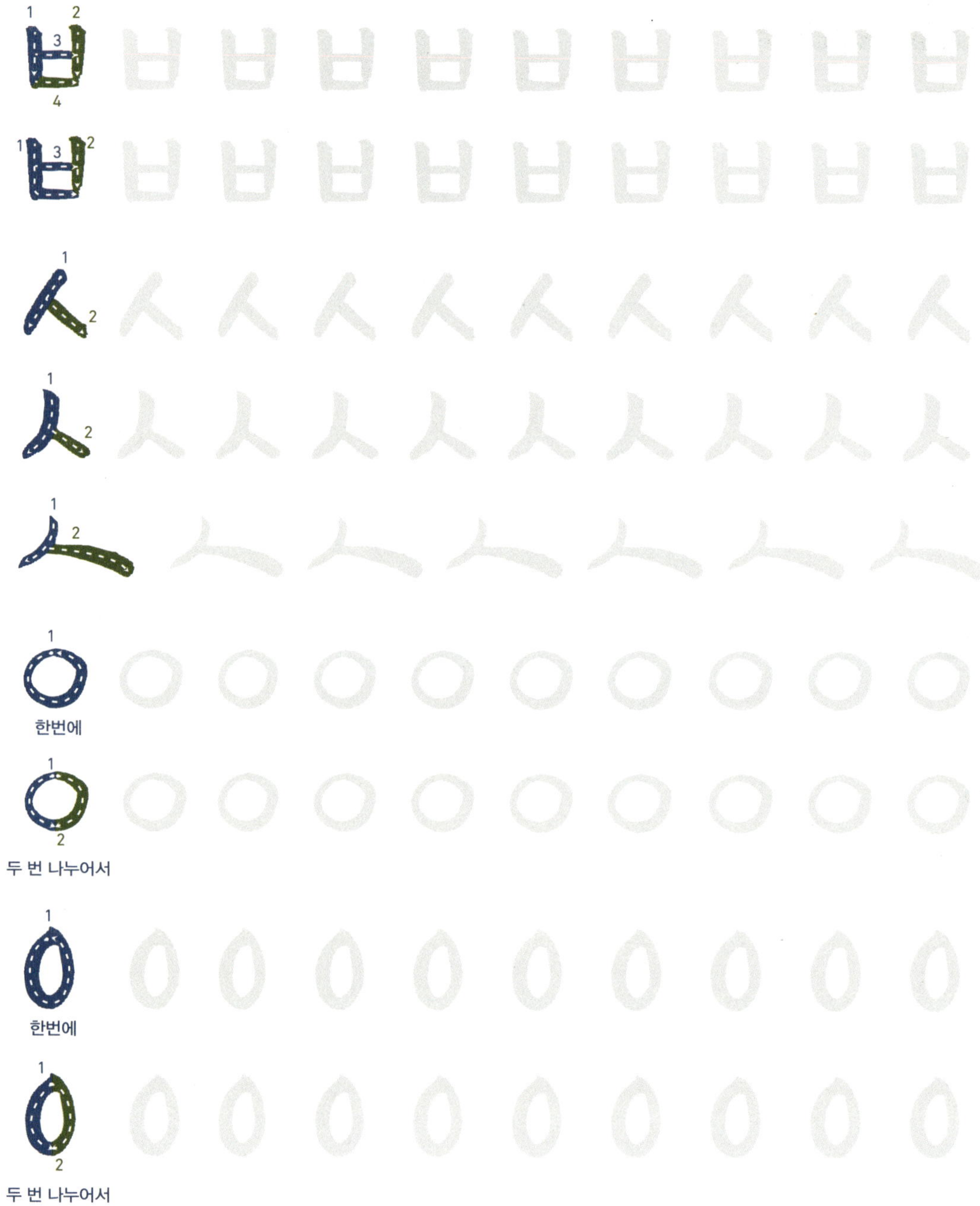
한번에
두 번 나누어서
한번에
두 번 나누어서

ㅊ ㅊ ㅊ ㅊ ㅊ ㅊ ㅊ ㅊ ㅊ ㅊ

ㅊ ㅊ ㅊ ㅊ ㅊ ㅊ ㅊ ㅊ ㅊ ㅊ

ㅊ ㅊ ㅊ ㅊ ㅊ ㅊ ㅊ ㅊ ㅊ ㅊ

ㅋ ㅋ ㅋ ㅋ ㅋ ㅋ ㅋ ㅋ ㅋ ㅋ

ㅌ ㅌ ㅌ ㅌ ㅌ ㅌ ㅌ ㅌ ㅌ ㅌ

ㅍ ㅍ ㅍ ㅍ ㅍ ㅍ ㅍ ㅍ ㅍ ㅍ

ㅎ ㅎ ㅎ ㅎ ㅎ ㅎ ㅎ ㅎ ㅎ ㅎ

ㅎ ㅎ ㅎ ㅎ ㅎ ㅎ ㅎ ㅎ ㅎ ㅎ

직선 세워 쓰기

한 글자당 4개는 연한 선 위에 따라 쓰고 3개는 빈 공란 안에 따라 쓴다.

▶ **한 글자** 앞에서 연습한 자음 쓰기를 기억하며 자음에 직선의 모음을 붙여 초성과 중성으로 구성된 기본 한 글자를 완성한다.

가 가 가 가 가

거 거 거 거 거

고 고 고 고 고

구 구 구 구 구

나 나 나 나 나

너 너 너 너 너

노 노 노 노 노

누 누 누 누 누

다 다 다 다 다

더 더 더 더 더

도 도 도 도 도

두 두 두 두 두

라 라 라 라 라

러 러 러 러 러

로 로 로 로 로

루 루 루 루 루

마 마 마 마 마

머 머 머 머 머

모 모 모 모 모

무 무 무 무 무

바 바 바 바 바

버 버 버 버 버

보 보 보 보 보

부 부 부 부 부

사 사 사 사 사

서 서 서 서 서

소 소 소 소 소

수 수 수 수 수

아 아 아 아 아

어 어 어 어 어

오 오 오 오 오

우 우 우 우 우

자 자 자 자 자

저 저 저 저 저

조 조 조 조 조

주 주 주 주 주

차 차 차 차 차

처 처 처 처 처

초 초 초 초 초

추 추 추 추 추

카	카	카	카	카			
커	커	커	커	커			
코	코	코	코	코			
쿠	쿠	쿠	쿠	쿠			
타	타	타	타	타			
터	터	터	터	터			
토	토	토	토	토			
투	투	투	투	투			

파 파 파 파 파

퍼 퍼 퍼 퍼 퍼

포 포 포 포 포

푸 푸 푸 푸 푸

하 하 하 하 하

허 허 허 허 허

호 호 호 호 호

후 후 후 후 후

직선 세워 쓰기

한 단어당 3개는 연한 선 위에 따라 쓰고 1개는 빈 공란 안에 따라 쓴다.

▶ **단어** 두 글자 이상이 모이는 단어를 쓸 때는 간격이 중요한데 간격은 띄어쓰기를 제외하고 글자 사이를 붙여서 쓰는 것이 좋다.

믿음 믿음 믿음 믿음

성령 성령 성령 성령

사랑 사랑 사랑 사랑

인내 인내 인내 인내

열정 열정 열정 열정

희락 희락 희락 희락

달인 달인 달인 달인

평안 평안 평안 평안

한 단어당 3개는
연한 선 위에 따라 쓰고
2개는 빈 공란 안에
따라 쓴다.

아리랑 아리랑 아리랑
아리랑

십자가 십자가 십자가
십자가

대한민국 대한민국 대한민국
대한민국

임마누엘 임마누엘 임마누엘
임마누엘

직선 세워 쓰기

▶ **실전 쓰기** 컴퓨터 글씨를 자신의 캘리그라피로 변환하여 자유롭게 써 보세요.

예수

비전

은혜

열매

사슴

소망

기도

여호와

그리스도

한 문장당 2개는
연한 선 위에 따라 쓰고
1개는 빈 공란 안에
따라 쓴다.

직선 세워 쓰기

▶ 한 줄 문장 문장을 쓸 때는 글자 간의 간격, 띄어쓰기, 글씨의 크기 조절 등을 염두에 두어야 한다.
글자 간의 간격은 견본의 문장처럼 바짝 붙여 쓰며, 띄어쓰기는 반 글자 정도를 떼고 쓴다.
내 감성에 따라 문장의 내용을 강조할 경우에는 글씨의 크기와 굵기로 강조한다.

항상 기뻐하라

항상 기뻐하라

항상 기뻐하라

쉬지말고 기도하라

쉬지말고 기도하라

쉬지말고 기도하라

범사에 감사하라

범사에 감사하라
범사에 감사하라

나의 평안을 너희에게 주노라

나의 평안을 너희에게 주노라
나의 평안을 너희에게 주노라

한 문장당 2개는
연한 선 위에 따라 쓰고
1개는 빈 공란 안에
따라 쓴다.

직선 세워 쓰기

▶ 두 줄 문장 두 줄 이상의 문장을 쓸 때는 행간이 중요하다. 견본의 문장처럼 너무 넓거나 좁지 않도록 행간을 유지하며 쓰게 되면 가독성이 좋은 문장으로 완성할 수 있다.

내가 너희를 사랑한 것같이
너희도 서로 사랑하라

내가 너희를 사랑한 것같이
너희도 서로 사랑하라

내가 너희를 사랑한 것같이
너희도 서로 사랑하라

두려워하지 말라
내가 너와 함께함이라

두려워하지 말라
내가 너와 함께함이라

두려워하지 말라
내가 너와 함께함이라

문장 1개는 연한 선 위에 따라 쓰고 1개는 다음 장 빈 공란 안에 따라 쓴다.

직선 세워 쓰기

▶ 다 줄 문장

여호와는 나의 목자시니
내게 부족함이 없으리로다
그가 나를 푸른풀밭에
누이시며 쉴만한 물가로
인도하시는도다

여호와는 나의 목자시니
내게 부족함이 없으리로다
그가 나를 푸른풀밭에
누이시며 쉴만한 물가로
인도하시는도다

곡선 세워 쓰기

한 글자당 4개는 연한 선 위에 따라 쓰고 3개는 빈 공란 안에 따라 쓴다.

▶ **한 글자** 초성의 자음, 곡선의 모음, 종성의 자음을 붙여 초, 중, 종성으로 조합된 한 음절의 한 글자를 완성한다. 글자의 곡선은 선의 방향이 중요한 역할을 한다. 곡선 세워 쓰기에서는 모음의 세로획을 안쪽 곡선( )으로, 가로획은 안쪽 곡선( )으로 정해서 쓴다. 종성은 부드러운 곡선의 자음으로 마무리하여 한 글자를 완성한다.

각 각 각 각 각

건 건 건 건 건

곤 곤 곤 곤 곤

굴 굴 굴 굴 굴

남 남 남 남 남

넙 넙 넙 넙 넙

놋 놋 놋 놋 놋

능 능 능 능 능

닻 닻 닻 닻 닻

덫 덫 덫 덫 덫

돟 돟 돟 돟 돟

둩 둩 둩 둩 둩

랖 랖 랖 랖 랖

렇 렇 렇 렇 렇

롴 롴 롴 롴 롴

룬 룬 룬 룬 룬

맏 맏 맏 맏 맏

멀 멀 멀 멀 멀

몸 몸 몸 몸 몸

뭅 뭅 뭅 뭅 뭅

밧 밧 밧 밧 밧

벙 벙 벙 벙 벙

봇 봇 봇 봇 봇

붓 붓 붓 붓 붓

삭 삭 삭 삭 삭

설 설 설 설 설

숍 숍 숍 숍 숍

숭 숭 숭 숭 숭

악 악 악 악 악

언 언 언 언 언

온 온 온 온 온

울 울 울 울 울

잠 잠 잠 잠 잠

접 접 접 접 접

종 종 종 종 종

줏 줏 줏 줏 줏

찻 찻 찻 찻 찻

첫 첫 첫 첫 첫

촉 촉 촉 촉 촉

출 출 출 출 출

캎 캎 캎 캎 캎

컭 컭 컭 컭 컭

콕 콕 콕 콕 콕

쿤 쿤 쿤 쿤 쿤

탄 탄 탄 탄 탄

털 털 털 털 털

톱 톱 톱 톱 톱

톰 톰 톰 톰 톰

팟 팟 팟 팟 팟

펑 펑 펑 펑 펑

퐂 퐂 퐂 퐂 퐂

퓿 퓿 퓿 퓿 퓿

학 학 학 학 학

헐 헐 헐 헐 헐

훕 훕 훕 훕 훕

훙 훙 훙 훙 훙

곡선 세워 쓰기

한 글자당 3개는 연한 선 위에 따라 쓰고 1개는 빈 공란 안에 따라 쓴다.

▶ **단어** 두 글자 이상이 모이는 단어를 쓸 때는 간격이 중요한데, 간격은 띄어쓰기를 제외하고 글자 사이를 붙여서 쓰는 것이 좋다.

믿음 믿음 믿음 믿음

성령 성령 성령 성령

사랑 사랑 사랑 사랑

인내 인내 인내 인내

열정 열정 열정 열정

희락 희락 희락 희락

달인 달인 달인 달인

평안 평안 평안 평안

한 단어당 3개는
연한 선 위에 따라 쓰고
2개는 빈 공란 안에
따라 쓴다.

아리랑 아리랑 아리랑

아리랑

십자가 십자가 십자가

십자가

대한민국 대한민국 대한민국

대한민국

임마누엘 임마누엘 임마누엘

임마누엘

곡선 세워 쓰기

▶ **실전 쓰기** 컴퓨터 글씨를 자신의 캘리그라피로 변환하여 자유롭게 써 보세요.

예수

비전

믿음

사랑

평안

소망

기도

여호와

그리스도

한 문장당 2개는 연한 선 위에 따라 쓰고 1개는 빈 공란 안에 따라 쓴다.

곡선 세워 쓰기

▶ 한 줄 문장 문장을 쓸 때는 글자 간의 간격, 띄어쓰기, 글씨의 크기 조절 등을 염두에 두어야 한다. 글자 간의 간격은 견본의 문장처럼 바짝 붙여 쓰며, 띄어쓰기는 반 글자 정도를 떼고 쓴다. 내 감성에 따라 문장의 내용을 강조할 경우에는 글씨의 크기와 굵기로 강조한다.

너는복이될지라 너는복이될지라

너는복이될지라

서로사랑하라 서로사랑하라

서로사랑하라

나의기도를들으소서 나의기도를들으소서

나의기도를들으소서

곡선 세워 쓰기

한 문장당 2개는 연한 선 위에 따라 쓰고 1개는 빈 공란 안에 따라 쓴다.

▶ 두 줄 문장 두 줄 이상의 문장을 쓸 때는 행간이 중요하다. 견본의 문장처럼 너무 넓거나 좁지 않도록 행간을 유지하며 쓰게 되면 가독성이 좋은 문장으로 완성할 수 있다.

내가 너희를 사랑한것같이
너희도 서로사랑하라

내가 너희를 사랑한것같이
너희도 서로사랑하라

내가 너희를 사랑한것같이
너희도 서로사랑하라

두려워하지 말라
내가 너와 함께 함이라

두려워하지 말라
내가 너와 함께 함이라

두려워하지 말라
내가 너와 함께 함이라

곡선 세워 쓰기

▶ 다 줄 문장

문장 1개는 연한 선 위에 따라 쓰고 1개는 다음 장 빈 공란 안에 따라 쓴다.

그런즉 누구든지 그리스도
안에 있으면 새로운 피조물이라
이전것은 지나갔으니
보라 새것이 되었도다

그런즉 누구든지 그리스도
안에 있으면 새로운 피조물이라
이전것은 지나갔으니
보라 새것이 되었도다

[누여쓰기]

자음 누여 쓰기 | 한 글자 직선(곡선) 누여 쓰기 | 단어 직선(곡선) 누여 쓰기 | 실전 쓰기

한 줄 문장 직선(곡선) 누여 쓰기 | 두 줄 문장 직선(곡선) 누여 쓰기 | 다 줄 문장 직선(곡선) 누여 쓰기

누여 쓰기에는

모음의 모양에 따라 [직선 누여 쓰기]와
[곡선 누여 쓰기]로 구분하여 연습한다.

자음 누여 쓰기

• 붓펜을 누여 아라비아 숫자대로 정해진 점선을 따라 자음을 완성한다.

한 번에

한 번에

한 번에

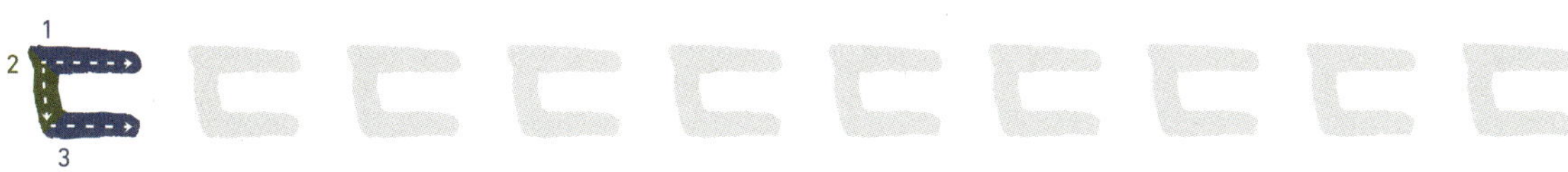

한 번에

한 번에

ㅈ ㅈ ㅈ ㅈ ㅈ ㅈ ㅈ ㅈ ㅈ ㅈ

ㅈ ㅈ ㅈ ㅈ ㅈ ㅈ ㅈ ㅈ ㅈ ㅈ

ㅊ ㅊ ㅊ ㅊ ㅊ ㅊ ㅊ ㅊ ㅊ ㅊ

ㅊ ㅊ ㅊ ㅊ ㅊ ㅊ ㅊ ㅊ ㅊ ㅊ

ㅋ ㅋ ㅋ ㅋ ㅋ ㅋ ㅋ ㅋ ㅋ ㅋ

ㅋ ㅋ ㅋ ㅋ ㅋ ㅋ ㅋ ㅋ ㅋ ㅋ

ㅌ

ㅌ

ㅍ

ㅎ

ㅎ

직선 누여 쓰기

한 글자당 4개는 연한 선 위에 따라 쓰고 3개는 빈 공란 안에 따라 쓴다.

▶ **한 글자** 앞에서 연습한 자음 쓰기를 기억하며 자음에 직선의 모음을 붙여 초성과 중성으로 구성된 기본 한 글자를 완성한다.

가 가 가 가 가

거 거 거 거 거

고 고 고 고 고

구 구 구 구 구

나 나 나 나 나

너 너 너 너 너

노 노 노 노 노

누 누 누 누 누

다 다 다 다 다

더 더 더 더 더

도 도 도 도 도

두 두 두 두 두

라 라 라 라 라

러 러 러 러 러

로 로 로 로 로

루 루 루 루 루

마 마 마 마 마

머 머 머 머 머

모 모 모 모 모

무 무 무 무 무

바 바 바 바 바

버 버 버 버 버

보 보 보 보 보

부 부 부 부 부

사 사 사 사 사

서 서 서 서 서

소 소 소 소 소

수 수 수 수 수

아 아 아 아 아

어 어 어 어 어

오 오 오 오 오

우 우 우 우 우

자 자 자 자 자

저 저 저 저 저

조 조 조 조 조

주 주 주 주 주

차 차 차 차 차

처 처 처 처 처

초 초 초 초 초

추 추 추 추 추

카 카 카 카 카

커 커 커 커 커

코 코 코 코 코

쿠 쿠 쿠 쿠 쿠

타 타 타 타 타

터 터 터 터 터

토 토 토 토 토

투 투 투 투 투

파 파 파 파 파

퍼 퍼 퍼 퍼 퍼

포 포 포 포 포

푸 푸 푸 푸 푸

하 하 하 하 하

허 허 허 허 허

호 호 호 호 호

후 후 후 후 후

직선 누여 쓰기

한 단어당 2~3개는 연한 선 위에 따라 쓰고 1개는 빈 공란 안에 따라 쓴다.

▶ **단어** 두 글자 이상이 모이는 단어를 쓸 때는 간격이 중요한데, 간격은 띄어쓰기를 제외하고 글자 사이를 붙여서 쓰는 것이 좋다.

교회 교회 교회 교회

큐티 큐티 큐티 큐티

쉼터 쉼터 쉼터 쉼터

소통 소통 소통 소통

평화 평화 평화 평화

샘물 샘물 샘물 샘물

열매 열매 열매 열매

커피 커피 커피 커피

시간 시간 시간 시간

살구 살구 살구 살구

성경책 성경책 성경책

십자가 십자가 십자가

선교사 선교사 선교사

그리스도 그리스도 그리스도

쉴만한 물가 쉴만한 물가 쉴만한 물가

직선 누여 쓰기

▶ **실전 쓰기** 컴퓨터 글씨를 자신의 캘리그라피로 변환하여 자유롭게 써 보세요.

예수

비전

믿음

사랑

평안

소망

기도

여호와

임마누엘

한 문장당 2개는
연한 선 위에 따라 쓰고
1개는 빈 공란 안에
따라 쓴다.

직선 누여 쓰기

▶ 한 줄 문장 문장을 쓸 때는 글자 간의 간격, 띄어쓰기, 글씨의 크기 조절 등을 염두에 두어야 한다. 글자 간의 간격은 견본의 문장처럼 바짝 붙여 쓰며, 띄어쓰기는 반 글자 정도를 떼고 쓴다. 내 감성에 따라 문장의 내용을 강조할 경우에는 글씨의 크기와 굵기로 강조한다.

그가 나를 쉴만한 물가로 인도하시는도다

그가 나를 쉴만한 물가로 인도하시는도다

그가 나를 쉴만한 물가로 인도하시는도다

나 주님의 기쁨되기 원하네

나 주님의 기쁨되기 원하네

나 주님의 기쁨되기 원하네

내 마음을 새롭게 하소서

내 마음을 새롭게 하소서
내 마음을 새롭게 하소서

그의 율법을 주야로 묵상하는도다

그의 율법을 주야로 묵상하는도다
그의 율법을 주야로 묵상하는도다

한 문장당 2개는
연한 선 위에 따라 쓰고
1개는 빈 공란 안에
따라 쓴다.

직선 누여 쓰기

▶ 두 줄 문장 두 줄 이상의 문장을 쓸 때는 행간이 중요하다. 견본의 문장처럼 너무 넓거나 좁지 않도록 행간을 유지하며 쓰게 되면 가독성이 좋은 문장으로 완성할 수 있다.

심령이 가난한 자는 복이 있나니
천국이 그들의 것임이요

심령이 가난한 자는 복이 있나니
천국이 그들의 것임이요

심령이 가난한 자는 복이 있나니
천국이 그들의 것임이요

여호와를 경외하며 그의길을
걷는자마다 복이있도다

여호와를 경외하며 그의길을
걷는자마다 복이있도다
여호와를 경외하며 그의길을
걷는자마다 복이있도다

문장 1개는 연한 선 위에 따라 쓰고 1개는 다음 장 빈 공란 안에 따라 쓴다.

직선 누여 쓰기

▶ 다 줄 문장

사랑은 오래참고 사랑은 온유하며
시기하지 아니하며 사랑은 자랑하지
아니하며 교만하지 아니하며
무례히 행하지 아니하며 자기의
유익을 구하지 아니하며 성내지
아니하며 악한것을 생각하지 아니하며

사랑은 오래참고 사랑은 온유하며
시기하지 아니하며 사랑은 자랑하지
아니하며 교만하지 아니하며
무례히 행하지 아니하며 자기의
유익을 구하지 아니하며 성내지
아니하며 악한것을 생각하지 아니하며

한 글자당 4개는 연한 선 위에 따라 쓰고 3개는 빈 공란 안에 따라 쓴다.

곡선 누여 쓰기

▶ **한 글자** 초성의 자음, 곡선의 모음, 종성의 자음을 붙여 초, 중, 종성으로 조합된 한 음절의 한 글자를 완성한다. 글자의 곡선은 선의 방향이 중요한 역할을 한다. 곡선 누여 쓰기에서는 모음의 세로획을 안쪽 곡선( )으로 가로획은 바깥 쪽 곡선( )으로 정해서 쓴다. 종성은 부드러운 곡선의 자음으로 마무리하여 한 글자를 완성한다.

각 각 각 각 각

건 건 건 건 건

곤 곤 곤 곤 곤

굴 굴 굴 굴 굴

남 남 남 남 남

넙 넙 넙 넙 넙

놋 놋 놋 놋 놋

눙 눙 눙 눙 눙

닻 닻 닻 닻 닻

덫 덫 덫 덫 덫

돜 돜 돜 돜 돜

둩 둩 둩 둩 둩

랖 랖 랖 랖 랖

렇 렇 렇 렇 렇

록 록 록 록 록

룬 룬 룬 룬 룬

만 만 만 만 만
멸 멸 멸 멸 멸
몸 몸 몸 몸 몸
뭅 뭅 뭅 뭅 뭅

밧 밧 밧 밧 밧
벙 벙 벙 벙 벙
봋 봋 봋 봋 봋
붓 붓 붓 붓 붓

삭 삭 삭 삭 삭

설 설 설 설 설

숲 숲 숲 숲 숲

숯 숯 숯 숯 숯

연 연 연 연 연

약 약 약 약 약

온 온 온 온 온

울 울 울 울 울

접 접 접 접 접

잠 잠 잠 잠 잠

종 종 종 종 종

줏 줏 줏 줏 줏

첫 첫 첫 첫 첫

찻 찻 찻 찻 찻

층 층 층 층 층

출 출 출 출 출

캎 캎 캎 캎 캎

컳 컳 컳 컳 컳

콕 콕 콕 콕 콕

쿤 쿤 쿤 쿤 쿤

탄 탄 탄 탄 탄

털 털 털 털 털

톰 톰 톰 톰 톰

툽 툽 툽 툽 툽

팟	팟	팟	팟	팟			
펑	펑	펑	펑	펑			
퐂	퐂	퐂	퐂	퐂			
풏	풏	풏	풏	풏			

핰	핰	핰	핰	핰			
헡	헡	헡	헡	헡			
홒	홒	홒	홒	홒			
훟	훟	훟	훟	훟			

곡선 누여 쓰기

한 글자당 3개는 연한 선 위에 따라 쓰고 1개는 빈 공란 안에 따라 쓴다.

▶ **단어** 두 글자 이상이 모이는 단어를 쓸 때는 간격이 중요한데, 간격은 띄어쓰기를 제외하고 글자 사이를 붙여서 쓰는 것이 좋다.

교회 교회 교회 교회

큐티 큐티 큐티 큐티

소통 소통 소통 소통

샘물 샘물 샘물 샘물

평화 평화 평화 평화

살구 살구 살구 살구

쉼터 쉼터 쉼터 쉼터

커피 커피 커피 커피

한 단어당 3개는
연한 선 위에 따라 쓰고
2개는 빈 공란 안에
따라 쓴다.

성경책 성경책 성경책 성경책

십자가 십자가 십자가 십자가

그리스도 그리스도 그리스도 그리스도

쉴만한물가 쉴만한물가 쉴만한물가 쉴만한물가

곡선 누여 쓰기

▶ **실전 쓰기** 컴퓨터 글씨를 자신의 캘리그라피로 변환하여 자유롭게 써 보세요.

예수

비전

믿음

사랑

평안

소망

기도

여호와

그리스도

곡선 누여 쓰기

한 문장당 2개는 연한 선 위에 따라 쓰고 1개는 빈 공란 안에 따라 쓴다.

▶ **한 줄 문장** 문장을 쓸 때는 글자 간의 간격, 띄어쓰기, 글씨의 크기 조절 등을 염두에 두어야 한다. 글자 간의 간격은 견본의 문장처럼 바짝 붙여 쓰며, 띄어쓰기는 반 글자 정도를 떼고 쓴다. 내 감성에 따라 문장의 내용을 강조할 경우에는 글씨의 크기와 굵기로 강조한다.

그가 나를 쉴만한 물가로 인도하시는도다

그가 나를 쉴만한 물가로 인도하시는도다

그가 나를 쉴만한 물가로 인도하시는도다

나 주님의 기쁨되기 원하네

나 주님의 기쁨되기 원하네

나 주님의 기쁨되기 원하네

내 마음을 새롭게 하소서

내 마음을 새롭게 하소서

내 마음을 새롭게 하소서

그의 율법을 주야로 묵상하는도다

그의 율법을 주야로 묵상하는도다

그의 율법을 주야로 묵상하는도다

곡선 누여 쓰기

한 문장당 2개는
연한 선 위에 따라 쓰고
1개는 빈 공란 안에
따라 쓴다.

▶ 두 줄 문장 두 줄 이상의 문장을 쓸 때는 행간이 중요하다. 견본의 문장처럼 너무 넓거나 좁지 않도록 행간을 유지하며 쓰게 되면 가독성이 좋은 문장으로 완성할 수 있다.

심령이 가난한 자는 복이 있나니
천국이 그들의 것임이요

심령이 가난한 자는 복이 있나니
천국이 그들의 것임이요

심령이 가난한 자는 복이 있나니
천국이 그들의 것임이요

여호와를 경외하며 그의 길을
걷는 자마다 복이 있도다

여호와를 경외하며 그의 길을
걷는 자마다 복이 있도다

여호와를 경외하며 그의 길을
걷는 자마다 복이 있도다

문장 1개는 연한 선 위에 따라 쓰고 1개는 다음 장 빈 공란 안에 따라 쓴다.

곡선 누여 쓰기

▶ 다 줄 문장

아무것도 염려하지 말고 다만 모든 일에
기도와 간구로, 너희 구할 것을 감사함으로
하나님께 아뢰라 그리하면
모든 지각에 뛰어난 하나님의 평강이
그리스도 예수 안에서 너희 마음과
생각을 지키시리라

아무것도 염려하지 말고 다만 모든 일에
기도와 간구로, 너희 구할 것을 감사함으로
하나님께 아뢰라 그리하면
모든 지각에 뛰어난 하나님의 평강이
그리스도 예수 안에서 너희 마음과
생각을 지키시리라

붓펜으로 배우는 성경필사

문장강조

부사 강조하며 말씀 쓰기

명사 강조하며 말씀 쓰기

어구 또는 한 줄 강조하며 말씀 쓰기

첫 글자 또는 첫 명사 강조하며 말씀 쓰기

붓펜 캘리그라피 말씀 묵상

성경에는 우리에게
힘이 되고 은혜가 되는 구절이 많다

그중 같은 단어와 부사(그런즉, 곧, 또, 오직)를 반복적으로 사용해 그 의미를 강조하고 있다.
붓에 대한 적응력이 높아지면 말씀을 쓰면서 강조하고 싶은 내용을 강조해 보자!
강조할 때는 글씨의 크기와 굵기의 차이로 표현할 수 있다. 보통 조사를 명사보다 작게 쓰거나,
강조할 내용을 다른 내용보다 더 크고 굵게 표현하면 그 내용이 조금 더 돋보이게 되고 강조가 되어
성경 말씀을 묵상하는데 매우 도움이 된다.

기초 과정에서 체득한 세워 쓰기와 누여 쓰기 중에서 가장 자신에 잘 맞는 자세로 하되, 각 글씨의 표현 방법에
따라 세워 쓰기와 누여 쓰기를 혼합하여 사용해도 무방하다.

문장 강조

▶ **부사 강조하며 말씀 쓰기** 강조할 부사를 다른 내용보다 조금 더 크고 굵게 쓴다.

또 여호와를
기뻐하라
시편37:4

또 여호와를
기뻐하라
시편37:4

실전 연습

그런즉 네가 공의와
정의와 정직 곧 모든
선한 길을 깨달을 것이라
잠언 2:9

그런즉 네가 공의와
정의와 정직 곧 모든
선한 길을 깨달을 것이라
잠언 2:9

오직
선을 행함과
서로 나누어주기를
잊지말라
히브리서13:16

오직
선을 행함과
서로 나누어주기를
잊지말라
히브리서13:16

자유 연습

적색으로 표시된 부사를 강조하며 써보세요.

1. **또** 그 집에 들어가면서 평안하기를 빌라 (마태복음10:12)

2. **오직** 여호와의 율법을 즐거워하여
그의 율법을 주야로 묵상하는도다 (시편1:2)

문장 강조

▶ 명사 강조하며 말씀 쓰기

말씀에는 명사와 조사가 이어져 주어, 보어, 목적어 등으로 문장을 만들어낸다. 필사를 할 경우에 조사를 작게 쓰게 되면 명사는 자연스럽게 강조가 되어 가독성이 높아지는 문장이 될 수 있다.

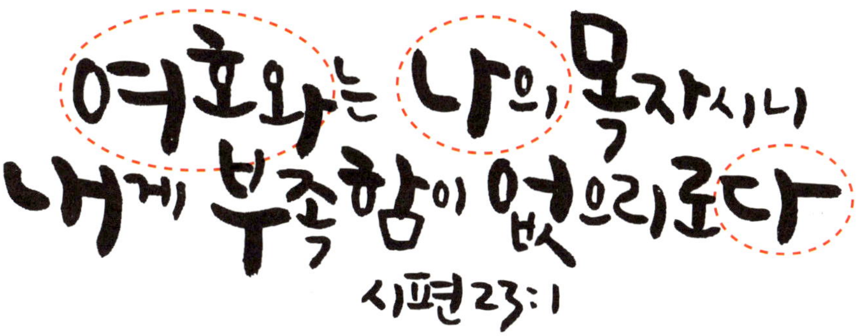

실전 연습

여호와는 네게 복을 주시고
너를 지키시기를 원하며
민수기 6:24

여호와는 네게 복을 주시고
너를 지키시기를 원하며
민수기 6:24

내게 능력 주시는 자 안에서
내가 모든 것을 할 수 있느니라

빌립보서 4:13

내게 능력 주시는 자 안에서
내가 모든 것을 할 수 있느니라

빌립보서 4:13

자유 연습

적색으로 표시된 명사를 강조하며 써보세요.

1. 주께서 생명의 길을 내게 보이시리니 (시편16:11)

2. 내가 곧 생명의 떡이니라 (요한복음6:48)

문장 강조

▶ 어구 또는 한 줄 강조하며 말씀 쓰기

다 줄 문장을 쓸 경우에는 간혹 전체 문장을 이끌어 가는 어구 또는 한 줄 문장이 있다.
그런 경우에는 강조할 어구 또는 한 줄 문장을 강조해 쓰고, 이어가는 문장을 작게 써 내려가면 된다.

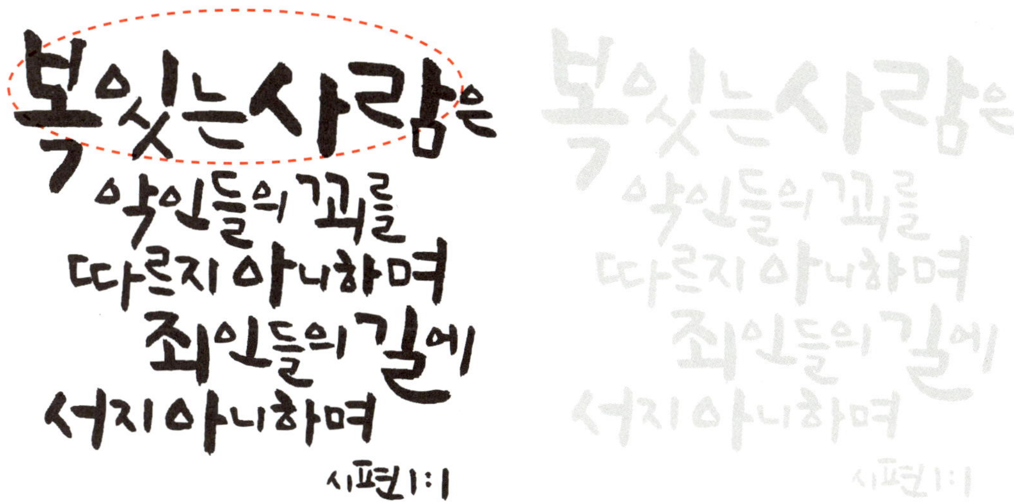

실전 연습

사랑하는 자여 네 영혼이
잘됨 같이 네가 범사에 잘되고
강건하기를 내가 간구하노라

요한3서 1:2

사랑하는 자여 네 영혼이
잘됨 같이 네가 범사에 잘되고
강건하기를 내가 간구하노라

요한3서 1:2

누구든지 그리스도안에 있으면
새로운 피조물이라
이전것은 지나갔으니
보라 새것이 되었도다
고린도후서 5:17

누구든지 그리스도안에 있으면
새로운 피조물이라
이전것은 지나갔으니
보라 새것이 되었도다
고린도후서 5:17

자유 연습

적색으로 표시된
한 줄 문장을 강조하며
써보세요.

1. **나는 생명의 떡이니** 내게 오는 자는 결코 주리지
   아니할 터이요 (요한복음 6:35)

2. **너는 내게 부르짖으라** 내가 네게 응답하겠고 네가 알지
   못하는 크고 은밀한 일을 네게 보이리라 (예레미야 33:3)

문장 강조

▶ 첫 글자 또는 첫 명사 강조하며 말씀 쓰기

써야 할 말씀의 첫 글자 또는 첫 명사를 강조해 쓰고 강조한 글자 중심으로 나머지 말씀을 이어 쓴다.

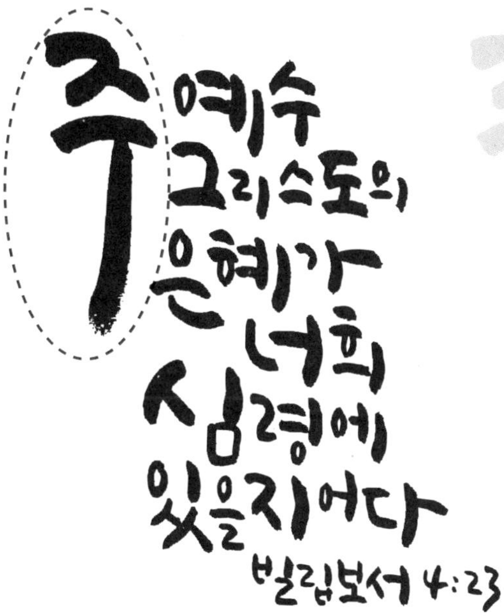

실전 연습

하나님이여
나를 지켜주소서
내가 주께 피하나이다
시편 16:1

하나님이여
나를 지켜주소서
내가 주께 피하나이다
시편 16:1

구하라 그리하면 너희에게 주실것이요

마태복음 7:7

구하라 그리하면 너희에게 주실것이요

마태복음 7:7

자유 연습

적색으로 표시된
첫 글자 또는 첫 명사를
강조하며 써보세요.

1. 예수 그리스도로 말미암아 의의 열매가 가득하여 하나님의 영광과 찬송이 되기를 원하노라 (빌립보서 1:11)

2. 보라 네 믿음이 너를 구원하였느니라 (누가복음 18:42)

붓펜 캘리그라피 묵상

말씀 캘리그라피 묵상

붓펜 캘리그라피 기초과정에서 체득한 세워 쓰기와 누여 쓰기 중에서 자신에게 가장 잘 맞는 자세로 다음 장의 성경말씀을 쓰며 묵상해 보자! 붓펜으로 쓸 때는 너무 급하지 않게 천천히 말씀을 묵상하며 써야 말씀의 은혜를 깊게 누릴 수 있게 된다. 또한 아래의 글씨 Tip을 염두에 두며 쓰게 되면 안정적이며 가독성이 높은 말씀 구절을 완성하게 될 것이다.

말씀을 쓸 때 앞서 거론했던 4가지의 글씨 Tip을 기억하며 쓰자!

1. 초성, 중성, 종성의 간격을 일정하게 !
2. 자간(글자와 글자 간의 간격)을 좁게 !
3. 단어와 단어 사이의 간격을 반 글자 간격으로 !
4. 행간(줄과 줄 간의 간격)을 좁게 !

또 그 집에 들어가면서
평안하기를 빌라
마태복음 10:12

오직 여호와의 율법을
즐거워하여
그의 율법을 주야로
묵상하는도다
시편 1:2

예수 그리스도로
말미암아
의의 열매가
가득하여
하나님의
영광과
찬송이 되기를
원하노라

빌립보서 1:11

내가 곧 생명의
떡이니라

요한복음 6:48

나는 생명의 떡이니
내게 오는 자는
결코 주리지 아니할 터이요

요한복음 6:35

너는 내게 부르짖으라
내가 네게 응답하겠고
네가 알지 못하는
크고 은밀한 일을
네게 보이리라

예레미야 33:3

보라
네 믿음이
너를
구원
하였느니라
누가복음 18:42

여호와여
우리에게 은혜를
베푸소서
이사야 33장 2절

주의 귀를 내게 기울이사
내가 부르짖는 날에
속히 내게 응답하소서

시편 102:2

너희 염려를 다 주께 맡기라
이는 그가 너희를 돌보심이라

베드로전서 5:7

아버지께
구하는 것을
내 이름으로
주시리라

요한복음 16:23

내게 은혜를 베푸사
나의 기도를 들으소서
시편 4편 1절

주께서 생명의 길을
내게 보이시리니
시편 16:11

기도를 계속하고
기도에 감사함으로
깨어 있으라
골로새서 4:2

이것은
너희에게서
난것이아니요
하나님의
선물이라
에베소서
2:8

내가 주는 물을 마시는 자는
영원히 목마르지 아니하리니
내가 주는 물은
그 속에서 영생하도록
솟아나는 샘물이 되리라
요한복음 4:14

본 청현재이 붓펜 성경필사를 경험한

기독교인들의 말씀 생활화가 실현되기를 바랍니다.

청현재이 캘리그라피 문화선교회에서는 기독교인들이 말씀으로 생활할 수 있도록 다양한 캘리그라피 교육프로그램을 진행하고 있습니다.

청현재이 붓펜 성경필사 프로그램

▶ **매주 1회 수업, 총 5주 과정**

기독교인의 성경필사 생활화를 목적으로 제작된 소그룹 프로그램으로 교재를 통해 붓펜을 다루는 기초 단계부터 살아있고 활력이 있는 하나님의 말씀을 쓰는 문장 단계에 이르기까지 체계적으로 캘리그라피 붓펜 성경필사를 배울 수 있으며, 감사일기 쓰기, 설교말씀 쓰기 등 하나님의 말씀에 집중하고, 하나님과 깊게 교제할 수 있도록 돕는 캘리그라피 신앙성장 교육 프로그램입니다.

청현재이 캘리그라피 힐링프로그램

▶ **매주 1회 수업, 총 7주 과정**

성경적인 관점을 기본으로 한 교재와 캘리그라피를 통해 직접 마음을 표현하고, 나누며 삶에 적용하여 나 자신과 타인, 공동체를 이해하는 바탕에서 시작한 기독교 캘리그라피 힐링 교육 프로그램입니다. 캘리그라피 기초부터 말씀을 쓰는 것까지 직접 써보고 배울 수 있으며, 감성적 손글씨인 캘리그라피로 말씀을 쓰며 살아계신 하나님의 온전한 치유의 손길을 경험할 수 있습니다.

청현재이 캘리그라피 교육 프로그램, 신청하는 교회로 강사를 파송해 드립니다.

캘리그라피를 통해 말씀을 가까이하고, 하나님과 친밀함으로 영성이 회복되어 복된 그리스도인의 삶을 살 수 있도록 청현재이 캘리그라피 교육 프로그램 개설을 요청하는 교회에 캘리그라피 전문교육 강사들을 파송해 드립니다.

문의 및 신청

청현재이 캘리그라피 문화선교회 070-7118-6161 / www.cjcm.co.kr

청현재이 붓펜성경필사

발행일 : 2016년 10월 1일 초판 발행
지은이 : 청현재이 임동규
펴낸이 : 임동규
펴낸곳 : 도서출판 섬김과나눔

청현재이 캘리그라피 문화선교회
주소 : 서울특별시 구로구 디지털로 33길 27, 307호(구로동, 삼성IT밸리 307호)
전화 : 070-4351-0566
팩스 : 02-6280-6199
이메일 : cheunghyun@naver.com
홈페이지 : www.cjcm.co.kr

ISBN : 978-89-98532-03-1

정가 : 20,000원